聪明妈妈会放手

做妈妈，不要做超人
放手的母爱更伟大

雨非雨◎著

中国经济出版社
CHINA ECONOMIC PUBLISHING HOUSE
·北京·

图书在版编目（CIP）数据

聪明妈妈会放手 / 雨非雨著.
--北京: 中国经济出版社, 2020.1
ISBN 978-7-5136-5828-7
Ⅰ. ①聪… Ⅱ. ①雨… Ⅲ. ①儿童教育—家庭教育 Ⅳ. ①G782
中国版本图书馆CIP数据核字（2019）第179977号

责任编辑 李 丰 高晓晔
责任印制 巢新强
版式设计 邱兴赛
封面设计 尚世视觉

出版发行 中国经济出版社
印 刷 者 北京力信诚印刷有限公司
经 销 者 各地新华书店
开 本 880mm × 1230mm 1 / 32
印 张 8.25
字 数 130千字
版 次 2020年1月第1版
印 次 2020年1月第1次
定 价 39.80元
广告经营许可证 京西工商广字第8179号

中国经济出版社 **网址** www. economyph. com **社址** 北京市东城区安定门外大街58号 **邮编** 100011
本版图书如存在印装质量问题，请与本社销售中心联系调换（联系电话：010－57512564）

前言 PREFACE

教育是一个严肃的命题。从孩子出生那天起，每一位妈妈都希望将自己的孩子培养成一个健康的人、一个优秀的人、一个有用的人、一个快乐的人。然而待孩子长到我们不再需要蹲下来讲话的时候，我们才发现最希望孩子成长为一个独立自主，有着健全人格思想，有着完整自我、本我，甚至超我思考能力的人。

教育是一门艺术，我们应该做的更多的是观察孩子，感知孩子，了解孩子。准确地说，聪明的妈妈其实是一个好的观察者，通过细致入微的观察，真正理解孩子的感受，懂得孩子言行背后的内心需求；同时，聪明的妈妈也是一个好的引导者，懂得如何放手，懂得如何退出，懂得如何让孩子在细节上不断进步，明白“不积跬步无以至千里”的真正含义。可以说，所有的教育理念、方式、心态都需要妈妈们用有智慧的爱、合适的方法，以及放手的教育方式来完成。

而这些，都需要我们去学习。

妈妈对孩子的教育和影响，几乎可以改变孩子的一生。所以，为了孩子，请翻开本书，学会做一个聪明的妈妈，学会用放手的方式养育孩子，学会给孩子有分寸、有理智的爱，学会给孩子一对生存的翅膀。愿书中这些用心的文字伴你和孩子共同成长。

目录 CONTENTS

壹

放手，给孩子真正的爱

爱，就像一把沙子，抓得越紧，漏得越快。母爱，更是如此，给的太多或太少，都令孩子无所适从。从今天起，学着做一个聪明妈妈，拥有爱和智慧，做更好的自己，陪伴孩子一同成长。

贰

放手，让孩子既有个性又不任性

好的教育，源于生活中的点点滴滴。每个孩子都有个性，然而，放纵的爱会让孩子变得任性。在平时的一言一行中，引导孩子既有个性又不任性，这是我们必须去平衡的事情。

叁

放手，让孩子成为小学霸

如何让孩子爱上学习，成为小学霸，是每个妈妈都关心的问题。那么，我们首先应该明白，什么才是学霸？学霸具备哪些品质？什么样的家庭最容易出学霸？

肆

放手，让孩子融入大自然

大自然里有无穷无尽的“宝藏”，是孩子最好的课堂。让孩子融入大自然，去感受、去享受、去创造，去发现一个快乐的童年。

伍

放手，让孩子成为生活小能手

“天下大事图于细，天下难事图于易。”每一个爸爸妈妈都向往孩子以后可以成功，走向光明，让孩子从具备符合年龄范围内的独立能力开始，从生活中的一些日常小事开始，言传身教，做孩子的榜样，潜移默化地影响孩子。

陆

放手，让孩子成为社交小达人

孩子到了三岁以后，开始接触外面的世界，这个世界给孩子的启蒙是家庭教育无法替代的。孩子要学会如何跟别的小朋友打交道，如何妥协，如何更好地沟通，只有这样，才能拥有自己的玩伴。

壹

放手，给孩子真正的爱

爱，就像一把沙子，抓得越紧，漏得越快。母爱，更是如此，给的太多或太少，都令孩子无所适从。从今天起，学着做一个聪明妈妈，拥有爱和智慧，做更好的自己，陪伴孩子一同成长。

1 孩子是一艘小船，妈妈是船上的帆

小时候，妈妈常常教我唱一首歌：“世上只有妈妈好，有妈的孩子像块宝。”现在，我也经常哼给女儿听。

那时，我的家庭并不富裕，但是妈妈总会像变魔术般地给我们做很多好吃的。记忆最深的就是妈妈炒的鸡肉。鸡是妈妈亲自养的，每次杀鸡之前，妈妈都会和这只鸡聊会儿天，声音很小。杀完鸡，妈妈会把鸡肉一点一点地洗干净，拌上盐，裹上红薯粉，腌制一会儿，然后在锅里用大火炒。馋嘴的我，过一会儿就去厨房打探鸡肉炒熟了没有。妈妈也总是耐心地说：“安心地玩吧，待会好了我一定会喊你的。”

美好的食物总是需要耐心等待的，等妈妈把鸡肉炒好后，我简直是以飞的速度到厨房，端着妈妈给我盛好的鸡肉，吃得无比幸福。

现在的我也有了自己的孩子，但妈妈依然保留着这个习惯，却有了新的内容，每次炒好鸡肉，都会把最好的盛出来，然后欣慰

地看着孙子们吃。

每当我静下来回忆童年的时候，这都是我最温暖的记忆。我觉得，在这个家里，妈妈的爱点亮了我的整个童年。

有心理学家指出，每个孩子在成长过程中，都需要建立幸福感，这种幸福感是孩子对来自父母的爱的完全确认，并且明确地、毫无疑问地坚信，父母永远无条件地爱着自己。这种幸福感一旦建立，终身不会动摇。

幸福感牢固的孩子，内心的快乐不会受到日常生活高低起伏的左右。遇到挫折时，不会丧失信心，不会一蹶不振；幸福感不牢固的孩子，内心的快乐很难建立，也会过度依赖外在的成就：是否马上得到自己想要的玩具、食品，老师是不是不喜欢我，等等。

中国的传统里，有“严父慈母”之说。而妈妈的爱，一直如温润的流水，滋润着孩子的心灵。作为妈妈，也应该和爸爸一起，把幸福感这份礼物送给孩子。有了幸福感，孩子这艘小船，才能无所畏惧地朝远方行驶。

作为妈妈，如何才能给孩子幸福感呢？

学会让孩子无拘无束

和孩子在一起的时候，让孩子没有时间包袱，没有学习包袱，让他们的想象自由驰骋。比如，不受时间限制地去观察各种昆虫，看蜘蛛结网、看小鸟觅食、看蚂蚁搬家，这些都可以给孩子带来欢喜，带来生命的惊叹，启发他们探索大千世界。所以，为什么不放下你手中的事情，从被你排得满满的生活里走出来一会儿，全身心地陪孩子，一起寻找这种快乐呢？

多赞美孩子

作为妈妈，不要只对孩子说："宝贝，你真棒！"，我们可以多一些具体的描述，比如"宝贝，你的画画得很有创意""宝贝，你这次考试成绩很棒，我觉得你很努力"……

我女儿一岁的时候玩"钓鱼"游戏，动作还不是非常协调的她，每次努力钓到小鱼后，都会笑着抬起头看我，仿佛在等我的赞美。这个时候，我会说："宝贝真厉害，又钓到一条小鱼了呀。"女儿听到赞美后，就更加喜欢钓鱼了，有时候她可以非常专注地玩半个小时。

多让孩子大声欢笑

研究表明，欢笑能够帮助孩子建构自尊，促进与他人的交往联系，也能增加血液流动，缓解压力，改善消化，降低血压，使得孩子们身体更健康。

玩是孩子的天性，作为妈妈，平时可以和孩子多一些有趣的互动。比如，故意拿腔拿调地说一些令人发笑的话，和孩子一起做一些有趣的亲子游戏，玩捉迷藏、学动物叫，或者在外面跑的时候，故意追不上孩子等。另外，也可以和孩子在镜子面前，比赛做各种鬼脸，等等。平时我们也可以和孩子讲笑话，告诉孩子自己遇到的好玩的事情，和孩子一起分享快乐。

我们可以看到，平时经常笑的父母，孩子也多半喜欢笑；平时表情严肃、不苟言笑的父母，孩子也很少有笑的表情。所以，多让孩子欢笑，让孩子保持一种积极乐观的心态，这样才能学会更好地处理生活中的不快。

给孩子温暖的爱

没有什么比爱更有力量。缺乏爱的孩子容易产生自卑、内向和缺乏安全感，严重的长大后还会有沟通障碍；缺乏爱的孩子也容易悲观，因为他们不懂得怎样疏导负面情绪；缺乏爱的孩子，在学习方面的接受能力一般也比较差，不容易对事物产生兴趣，因此爱好也会比一般孩子少很多。

拥有爱的孩子，如同一艘小船，妈妈则是这艘船上的帆，小船有了帆的呵护，有了爱的力量，就能搏击风浪，勇敢地驶向前方。

教孩子解决问题

记得小时候的我非常淘气，有一次把一个小伙伴打哭了。那位小伙伴的家长拉着他到我们家讨说法，我躲在门后面不肯出来，生怕那个小伙伴的家长把我“揍”一顿，还在门后偷偷听他们在说什么。

妈妈向对方家长询问了事情的经过，然后拉着躲在门后的我，蹲下身一起给那个小伙伴道歉，接着妈妈又转身去拿出平时自己都舍不得吃的水果，放到我手里，让我主动走到小伙伴面前，送给他。我拿着水果，跟小伙伴说：“我打人是不对的，以后再也不会打你了。我们还可以在一起玩，对吗？”就这样，这位小伙伴破涕为笑，我们很快又和好如初了。

这件“打人”的事情，妈妈并没有训斥我，却给我上了一堂“如何处理问题”的课，让我意识到错误并和小伙伴和好如初。

学会倾听孩子的声音

我记得有一位家长告诉我说：“我的孩子，每次叫他都要叫好几次，才慢吞吞地应一声。尤其是他做事情的时候，你叫他，他跟没听到似的，怎么办才好？”我当时问这位家长，他平时和你讲话或者叫你的时候，你的回应是怎样的？这位妈妈回想了一下，自己平时喜欢玩手机，儿子叫她的时候，自己有时候头也不抬，应付式地回应一下。原因就出在这里，你平时对孩子的反应如何，孩子便会模仿你对别人缺少积极的反应。另外，专心听孩子讲话，这对孩子来说表示你很关心他、在乎他。同时，孩子跟你表述一件事情的时候，不要打断他，让他把话表达完，哪怕这句话你已经听过一万遍了。

聪明妈妈手记

文中这几个小方法，只要生活中稍加注意，都可以和孩子形成良好的亲子关系，并给孩子创造美好的幸福感，让孩子这艘小船自由航行在大海之中。作为妈妈，更应该像船帆一样，引领孩子在茫茫的大海中驶向美好的彼岸。

2 放手的母爱更伟大

想必很多妈妈都听过这样一个故事：

有一个湖，叫天鹅湖，湖中有一个小岛，住着一个老渔翁和他的妻子。渔翁摇船捕鱼，妻子养鸡喂鸭，除了买些油盐，他们很少与外界往来。有一年秋天，一群天鹅来到岛上，它们是从遥远的北方飞来，准备去南方过冬的。老夫妇看到这群远方来客，非常高兴，因为他们在这儿住了这么多年，还没有谁来拜访过。渔翁夫妇拿出喂鸡的饲料和打来的小鱼招待天鹅，渐渐地，这群天鹅就和渔翁夫妇成了朋友。它们在岛上不仅敢大摇大摆地走来走去，而且在老渔翁捕鱼时，它们随船而行，嬉戏左右。冬天来了，这群天鹅竟然没有继续往南飞，它们白天在湖上觅食，晚上在小岛上栖息。当湖面封冻，它们无法觅食的时候，老夫妇就敞开他们的茅屋让它们进屋取暖，并且给它们食物。这种关爱一直持续到春天来临，湖面解冻。日复一日，年复一年，每年冬天，老夫妇都这样奉献着他们的爱心。有一年，他们老了，离开了小岛，天鹅也从此消失了，不过它们不是飞向了南方，而是在第二年湖面封冻的时候冻死了。

从这个故事，我们不难看到，有时候，爱得多了也是一种伤害。可惜大多数的妈妈，在深爱的同时却不知道如何放手，学不会放手的妈妈，最终也可能会让孩子一辈子都只能做个孩子。

我有个亲戚，家里有个儿子，从小娇惯着长大。上初中时，学校离家只有几百米的距离，每天还让老人去接送；高中考大学，托关系上了所普通的学校；毕业后，参加工作，这位亲戚舍不得儿子去远的地方工作，就在小县城里给他物色了一份工作，但上了几天班，儿子觉得没意思，就辞职了。如今已经过了三十而立的年龄，还在家打游戏。

我无意评说这位亲戚，但我总是在想，如果这位亲戚对孩子“放手”一些，让他去探求自己的人生，如今的结局会不会更好一些？

我们都知道，母爱很难，难就难在，从一开始就意味着分离，从一开始，就需要妈妈收敛自己的爱心去给予孩子自由。

每一位妈妈，怀胎十月，可是从孩子出生的那一天开始，便开始了不断与母亲分离的旅程：第一次离开妈妈的怀抱自己爬行，第一次上幼儿园，第一次把悄悄话说给同学而不是妈妈听，第一次离家去上大学，第一次谈恋爱，直到孩子组建了自己的家庭。这一切，都在不停地分离。这一切对妈妈来说，都意味着巨大的挑战。

如果妈妈学不会放手，自己止步不前，又如何让孩子得到更好的成长呢？作为妈妈，在爱孩子的同时，给他自由，让孩子健康、快乐、自信地成长，也让自己成长。放开手，留出一些空间给孩子，也给自己；在爱孩子的同时，也爱自己。这才是给孩子最好的礼物。

作为妈妈，如何才能更好地放手呢？

尊重孩子的选择权

“妈妈，我不喜欢这件衣服，我想穿那条漂亮的裙子。”

“穿什么裙子啊，在幼儿园跑跑跳跳的不方便。”

孩子和妈妈之间，这样的对话并不少见。当孩子想满足自己的小愿望时，大人会站在自己的角度考虑适合不适合。其实孩子的世界很小，一条漂亮的花裙子，一个心仪的小玩具，足以让他们开心一整天。如果孩子的要求不过分，为什么不尊重一下孩子的选择呢？也许穿上美丽的花裙子，这个小姑娘一整天都变得很淑女了呢。

千万不要“代替”孩子

所谓衣来伸手饭来张口的孩子，不是天生的，是后天培养出来的。四岁了，还在喂饭；五岁了，还不会收拾自己的玩具；读小学了，还需要凡事妈妈监督提醒……我们生活中这样的现象比比皆是。

每个妈妈都应该也必须知道，孩子的潜力是无限的，激发孩子的能动性，让孩子从小就学会独立自主，自己吃饭，自己穿衣服，自己收拾物品，自己定闹钟，自己做作业。

等到我们的孩子长大，变得越来越优秀时，你就会明白，让孩子自己的事情自己做，是对孩子的最好的负责。

让孩子成为最好的自己

家庭应该是一个帮助孩子发现自己、成就自己的地方，给孩子尽可能多的空间、舞台和机会，这样才有可能让孩子成为他自己。作为妈妈，千万不能过多地要求孩子总是要像别人家的孩子学习。帮助孩子树立自信，帮助孩子找到他自己，这才是最关键的。过度关心照顾，过多的限制干涉，会抑制孩子潜能的释放。

在孩子需要帮助的时候，伸出援助之手；在孩子需要安慰的时候，心里永远有孩子的一个位置；在孩子欢乐喜悦的时候，在旁边静静看着，泛起欣慰的笑容。

最后附一首纪伯伦的散文诗《孩子》，与所有妈妈共勉。

你的儿女，其实不是你的儿女。

他们是生命对于自身渴望而诞生的孩子。

他们借助你来到这世界，却非因你而来，

他们在你身旁，却并不属于你。

你可以给予他们的是你的爱，却不是你的想法，因为他们有自己的思想。

你可以庇护的是他们的身体，却不是他们的灵魂，

因为他们的灵魂属于明天，属于你做梦也无法到达的明天，

你可以拼尽全力，变得像他们一样，

却不要让他们变得和你一样，

因为生命不会后退，也不在过去停留。

你是弓，儿女是从你那里射出的箭。

弓箭手望着未来之路上的箭靶，

他用尽力气将你拉开，使他的箭射得又快又远。

怀着快乐的心情，在弓箭手的手中弯曲吧，

因为他爱一路飞翔的箭，也爱无比稳定的弓。

聪明妈妈手记

当你用温暖的怀抱、全部的爱去对待孩子时，当你替孩子解决了一切问题时，你是否意识到，这些爱有一天会变成束缚孩子的枷锁？

放开手，留出一些空间给孩子，也给自己；在爱孩子的同时，也爱自己，这才是给孩子最好的礼物。

3 做妈妈，不要做超人

前段时间，有个综艺节目《妈妈是超人》，再次引发关于“育儿”的大讨论。出于好奇，我看了几期，对其中一期的结尾文案很有感触。

我们说
每一对母子都是注定的相遇
却忘了问
妈妈天生就是妈妈吗
为了0.01的可能性去战斗的女生
也曾是万千宠爱的女神
在做妈妈之前
她也是爱撒娇的孩子
曾为了追梦从南到北
她却脱下高跟鞋

想为孩子打造一个花园

把百般武艺练成柴米油盐

越无所不能

背后的付出越无法计算

这是一段很走心的文案，写出了当下很多妈妈的心声。曾几何时，我们也是喜欢吃冰激凌、喜欢追剧、喜欢旅行、喜欢诗和远方的美少女，可是当我们开始做母亲的第一天起，便像一个女战士、女超人一样，守护着孩子。尤其是现在这个高速发展的社会，很多妈妈都把自己活得像个超人。

有一次，和朋友聊天，她说道：“中国的妈妈实在太累了。”从怀孕这一天起，到孩子出生、孩子上幼儿园、孩子上小学初中高中，直到孩子上大学、孩子工作、孩子结婚、孩子买房、孩子自己生孩子，几乎无一日间断。期间是各种操心、各种比较、各种选择、各种纠结、各种倾尽全力、各种力不从心、各种灰心失望、各种焦虑。妈妈们不仅要上得厅堂、下得厨房、相夫教子、贤良淑德，让丈夫无后顾之忧，还得做一个独立的女性，有自己的事业。如此心力交瘁地生活，妈妈们怎能不累？

现在很多妈妈都是职场女性，一方面要面临工作上的压力，另一方面还要承担大部分甚至是全部的家庭琐事。

下班了要接孩子放学、给孩子做饭、辅导孩子做作业，要和孩子老师沟通孩子的情况，一天忙碌下来，自己已经是精疲力尽，只想倒头就睡。但仔细想一想，你真的必须这样累吗？

如果妈妈能够看开一些，抛开对孩子所有外在功名利禄的期待，只关心孩子和自己内心的安宁与满足，这样养孩子，自然就会轻松很多。同时，给自己多一些时间，享受生活，孩子也会相对轻松一些，这不仅有利于亲子关系的培养，还给孩子做个独立、自信的榜样。

适当放手，不做超人妈妈，你会发现这个家庭会给你一些惊喜和变化。

爸爸越来越勤快了

每个爸爸都是爱孩子的，适当把家里的事情交给爸爸做，比如给孩子辅导作业、起床准备早餐、带孩子单独出去来个周末亲子游。有的妈妈说，男人天生就不会做家务、带孩子。其实没有什么是天生就会的。不会、不行，也许只是因为他不想做，做得少或是没机会做。你不给他机会，他就没有机会参与；你不信任他，他就无法自信而投入地参与；你因为他没做好而指责他，他就会退缩，最后做了甩手掌柜。把自己放“懒”一点儿，心放宽一点儿，跟他撒撒娇。只要他参与了，就要肯定，就要鼓励，就要表扬，这样他才有信心和干劲儿，才会更愿意、更主动地多带孩子、多做家务，婚姻也才会更温馨。

孩子生活自理能力更强了

超人妈妈习惯包办孩子的一切，不管孩子几岁，在妈妈眼里都是小孩，把孩子的一切照顾得妥妥当当才放心。这样的妈妈，时时刻刻都很忙、很累。

妈妈太勤劳，像个超人一样，孩子会有很强烈的依赖性。在妈妈包办下长大的孩子，习惯了衣来伸手、饭来张口，他们的生活自理能力也会变得很差。

所以，妈妈们要学会适当地放手，对于孩子力所能及的事，就不要再插手帮忙了。房间乱了，让他们自己整理；孩子想帮忙做家务，妈妈不要担心他们做不好，帮了倒忙再整理就是；做完作业，妈妈不要急着去检查，先让他们自己检查一遍；让他们自己收拾书包，准备第二天需要用到的书本、文具等，东西忘了带怎么办，下次不就记着了？小衣服自己洗，没洗干净，妈妈偷偷洗一遍就是了。让孩子自己动手做力所能及的事情，目的是锻炼孩子的自理生活能力，至于做得不够好，给孩子时间，相信他们会做得越来越棒的。

家庭越来越幸福了

都说婚姻是女人的第二次投胎，其实这话只说对了一半。因为在婚姻里，女人是可以拥有主动权让家庭越来越幸福的。

我认识一位妈妈，非常勤快，但是她的家庭并不幸福。丈夫不作为，孩子不听话，婆媳关系也没有处理好。我们聊到家庭生活，她有太多的抱怨，抱怨丈夫懒，什么都不做；孩子不听话，成绩上不去；而她自己整天围着这个家转，也没落到什么好。从这位妈妈身上，我仿佛看到了一个唠叨、发怒的怨妇。这样的妈妈是不被人欣赏的，甚至是不被人同情的。

聪明的妈妈，不会一边拼命做家务，一边给家人脸色看。更不会让自己成为24小时围着孩子、男人转的超人妈妈。

聪明的妈妈，不会一边做事，一边喋喋不休。她们甚至懒得和家人置气，懒得纠结鸡毛蒜皮的小事。这样的女人，看似懒，其实是一种大智慧。她们不难为自己，不难为家人，计较的少，得到的却多。

做妈妈，不要做超人，要学会心疼自己、宠爱自己，在能承受的范围之内休养自己，保持自己的爱好、社交、学习、旅行，让自己变得自信、独立，让自己的心情保持愉悦。

每一位妈妈，在有了孩子之后，更应该充实自己，实现自己的价值。即使在时间有限的情况下，也不应该停下学习的脚步。读一本好书、看一次艺术展、学一门语言，或者是坚持一项爱好，不断拓宽人生的宽度、增加人生的厚度，让生活变得越来越美好。

学会做一个聪明的妈妈，因为妈妈的快乐就是全家的快乐，妈妈的焦虑也是全家的焦虑。

聪明妈妈手记

聪明的妈妈，会更温柔、更有爱、更乐观、更自信，不会轻易发怒、不会喋喋不休，这对婚姻、家庭和孩子的教养都有很大益处。

所以，试着放手，你一定是一个幸福的“懒”女人！

4 放手，发现孩子另一种美

爱护孩子、保护孩子是一个母亲的天性。可是孩子终会一天天地长大，会有自己的朋友、自己的生活、自己的家庭、自己的事业和自己的空间。孩子不会一辈子都窝在你的羽翼下，他们总要自己试着去飞翔。所以，作为妈妈，即使再不舍，也要试着放手。

可是，随着孩子的成长，不少妈妈的手反而越伸越长。夏天带孩子去户外，担心蚊虫叮咬；冬天带孩子去爬山，担心着凉感冒；孩子交的朋友成绩好不好，跟伙伴们相处得是否愉快，夏令营的服务怎么样；从小就要让孩子学什么，将来干什么，每一个环节，妈妈都要像直升机一样，盘旋在孩子的上空，随时准备为孩子扫清障碍处理问题，生怕他们受到一点儿伤害，走一点儿弯路。

殊不知，这样的妈妈，越想掌握孩子的未来，孩子就越无法达到他们想象中的高度。良好的家庭教育，应该是妈妈作为一个旁观者，放手让孩子长大，在恰当的时机给予孩子指导和帮助。

放手让孩子亲自体验

2014年，我在普吉岛的海边度假时，观察到一些有趣的现象。一些国外的父母总会让孩子自己玩，自己悠闲地看着书，晒着日光浴；而中国的家长则是寸步不离地看着孩子，担心孩子走到水深的地方，甚至担心孩子的衣服被海水打湿。

我仔细观察了中国孩子和外国孩子的状态，在海里玩耍的外国孩子，自由、勇敢、自信、无拘无束、笑声不断。而站着岸边观看的中国孩子，拘束、胆小、少有笑声。

我在想，孩子的天性是什么，五六岁的孩子，原本不是应该欢笑不断、自由勇敢吗？如果中国妈妈放手让孩子去海边嬉戏玩耍，孩子对大海、对旅行不是就有了更加直观、美好的体验吗？

孩子的成长，是一个体验的过程。这个过程显著的特点之一就是实践性。他们通过亲身体验才能明白许多道理，而妈妈应该尽可能多地为孩子提供体验的机会。比如，带孩子来一场旅行，听一场音乐会，看一次艺术展，进行一次户外爬山，这些都能给孩子带来很好的亲身体验。从这些直观的体验中，孩子也能够获得更好的审美、知识、感官享受以及生活自理能力。但是在这些体验的过程中，如果你担心旅行中孩子会生病，音乐会孩子会听不懂，艺术展孩子会看不明白，户外爬山会有危险，这无疑是剥夺了孩子体验的机会，扼杀了他们的好奇心，打击了他们学习的主动性。

作为妈妈，学会放手让孩子去发现。让孩子逐渐变得勇敢、自信，生活能力强，那么孩子长大后一定会是一个有魅力的人。

放手让孩子自己选择

当孩子自由时，他便有机会探索外界，并呈现给你无限可能。

如果每一个孩子都按照他们自己的生命特质成长，这一定很棒。生命本来就应该按照原本的样子去呈现，也应该由孩子们自己去呈现。

一位朋友，夫妻二人都是大学老师，孩子今年读小学，非常喜欢打羽毛球。这位妈妈就发愁了，说："孩子这么喜欢打羽毛球，以后要是想走这条路了怎么办。"我说："很好啊，她知道自己喜欢什么并为此努力，你还焦虑什么呢？"

对于学习，如果没有兴趣，也就没有真正意义上的学习。每一位聪明的妈妈，应该在教育孩子的过程中，做个旁观者，观察孩子的特点、潜质，让孩子充分认识到学习的重要性，同时更要给孩子一定的自由空间，不主导、不强求、多鼓励、多支持，让孩子闯出一条适合自己的路。

放手让孩子成长

选择放手，可能会有担心和顾虑，其间孩子也可能会走弯路，但只有让孩子体验过后，他才能得到更好、更健康的成长；孩子才能在亲身体验中收获挫折、自信、快乐，为以后的学习、生活奠定坚实的基础。

聪明妈妈手记

作为妈妈，相信自己的孩子，放开手让孩子去尝试，你会发现这远比包办、唠叨更管用，因为放手本身就是对孩子的肯定和爱！

5 聪明的妈妈不强势

最近小区电梯里贴了一张寻人启事，并且附有一张小女孩的照片。从照片上看，小女孩大概三四岁的样子。照片下方写着：寻这位熊孩子的家长，某年某月某日，你家孩子玩滑板车把我家一岁多的孩子撞倒了，请你们带着孩子，给我们赔礼道歉。下方附上了电话和姓名。

这件事在小区的妈妈群里炸开了锅，大家你一言我一语，有的在询问撞得严重不严重，有的在回忆照片上是谁家的孩子。不多时，贴寻人启事的妈妈在群里出现了，她说："撞得不严重，没受伤，但是他们必须得道歉。"

这个时候，群里的妈妈一边倒的不帮她说话了，说几岁大的孩子，玩耍时冲冲撞撞很正常，如果不是很严重，不至于这么兴师动众地要求人家全家出来赔礼道歉吧。

这位妈妈脾气就来了："欺负我家孩子，没门儿！我非得教训下他们不可。"

从这件事情可以看出，这位妈妈护子心切，但是做法有些欠妥当。首先，孩子被撞倒，第一时间应该做的是检查，确认孩子是否受伤、程度如何，安抚好孩子的情绪。如果严重，该送医院送医院，该索赔就索赔，而不是首先让小女孩的全家站出来道歉。所有的沟通是为了解决问题，而不是追究谁对谁错，何况只是一个三四岁的孩子，又不是故意撞的，有多大的错呢？

对于孩子而言，母亲是心灵的港湾，是温柔且通情达理的。孩子生活在这种家庭下，自然而然也会成为听话懂事的孩子。但是，如果你是一位强势的母亲，给孩子树立的榜样是什么呢？

束缚孩子的健康成长

强势的妈妈，往往主观控制意识太强，在教育孩子方面，往往不太“民主”。这样对孩子来说，其实是一种心理上的束缚。孩子终究是个孩子，如果在孩童时期，儿童天性没有得到很好的发展或者释放，会造成“永远长不大”的现象，或者是青春期的时候非常叛逆。

影响亲密关系

强势的妈妈会削弱爸爸对孩子价值观、人生观、世界观的影响，同时也影响着夫妻之间的亲密关系。父母的婚姻其实是孩子未来亲密关系的蓝图，在强势妈妈影响下长大的孩子，也会不自觉地将这些情绪投射到亲密关系中,哪里有幸福可言呢？

对孩子的影响

强势的妈妈对家庭的毁灭性影响最大。从心理学上来讲，在强悍的母亲面前，女儿一般会选择无条件认同，而儿子则会选择无条件逃避。对此，奥地利著名心理学家阿德勒有个精彩的论断，“假如母亲较富于权威性，整天对着家里其他人唠叨，女孩子们可能会模仿她，变得刻薄好挑剔；男孩子则始终站在防御的地位，怕受批评，尽量寻找机会表现他们的恭顺”。因为，当母亲总是指责、批评丈夫时，其实是在指责、批评一切男性，儿子作为男性必然会跟他的父亲一样躲在无人的角落。

中国有句老话，叫“有其父必有其子，有其母必有其女”，说的就是这种父母认同心理。强势的母亲必然会培养出强势的女儿，因为母亲总是在不经意间充当了孩子的榜样，塑造着孩子的性格，并影响着孩子的心理成长。

聪明妈妈手记

一个聪明的女人应该是强大而不强势，一个聪明的妈妈会时常给孩子爸爸机会，尊重丈夫，让孩子随时感受到爸爸的存在。所以，妈妈一定要卸下强势的盔甲，温柔待人待事，这样你一定会收获幸福的婚姻和美满的家庭。

6 每个孩子都是一个独立的个体

女儿七个月的时候，长得白白胖胖，很是讨喜。有一次我推着她去楼下社区医院打预防针，碰到一位妈妈，抱着和我女儿年龄相仿的宝宝。这位妈妈看到我女儿，她就对着自己的宝宝说：“你看人家长得白白胖胖的，你怎么又黑又瘦啊？”在了解到我女儿平时吃辅食的情况后，她又说道：“你看人家多会吃啊，你怎么什么都不吃啊？”当她看到我女儿自己用小手拿着杯子喝水时，她又说：“你看人家都会自己喝水了，你怎么什么都不会啊？”

我当时非常不舒服，才几个月的宝宝，这位妈妈就开始了“别人家孩子”的教育魔咒。

每个孩子都是一个独立的个体，当我们拿自己的孩子和别人的孩子进行比较时，会忽略孩子的感受，时间久了，孩子会变得自卑、沮丧，甚至会失去自信。

我记得在我八九岁的时候，我的小伙伴小玲突然不理我了，我很沮丧，她可是我最好的朋友啊。于是我就跑去找她，问到底是怎么回事。她气鼓鼓地说："以后我再也不想跟你玩了。我妈妈总是拿我跟你比，说你语文每次都考100分，而我才考了80分，我讨厌你。"我伤心极了，不知道怎么办才好，一着急就跑去跟小玲的妈妈说："她语文没我考得好，但是她数学考得比我好啊，我也很羡慕她呢。"没想到这句话竟然让小玲的妈妈改变了对小玲的看法，而我和小玲也重归于好了。

长大后，想起这件事，我之所以能够说出这句话，应该是缘于我妈妈对我的教育方式。我的妈妈没有受过高等教育，但是她从来不会相互比较。我从小就数学不太好，妈妈却很少拿成绩很优秀的姐姐来跟我比较。有时候还反过来安慰我说："你数学不太好，但是你的语文很棒啊，如果把数学再提高一下，你就更厉害了。"

后来，我毕业刚参加工作的时候，薪水不高，妈妈又说："你工资不高，但是你的工作对口啊，还能养活自己，这已经很好了。"

再后来，和我同龄的人相继结了婚，妈妈也没有像其他父母那样急着催我，而是告诉我："这件事儿急不得，好的对象可得认真挑。"

直到今天，我依然感谢妈妈对我的教育方式，她并没有一味地按照自己的想法来教育和引导我，这种看似简单的肯定和放手式引导，背后则蕴藏着最淳朴的爱和智慧，这种信任和肯定，让我在以后的人生道路上，不管在任何环境和条件下，都过得非常平和、知足和快乐。

孩子的性格是由父母的基因和后天的教育方式决定的。有的孩子性格开朗，有的孩子比较内敛；有的孩子抗压能力强、心态比较好，有的孩子抗压能力相对比较弱。这些都需要妈妈们用心去发现，然后根据孩子不同的特点来对待和因材施教。

每个孩子都是一个独立的个体。作为一个优秀的妈妈，你能做的，就是相信自己的孩子，并创造适合她的成长环境。观察自己的孩子具有什么样的潜质和特长，帮助孩子培养自信，让孩子知道，自己就是独一无二的个体。

别人家的孩子再优秀，那都是别人家的孩子。要充分认识到自己孩子的特点和潜力，尊重孩子的个性和决定，给孩子适当的自由发挥和选择的空间，而不能什么事情都包办。而攀比，只会让孩子逐渐失去自我。

现在很多妈妈都比较焦虑，经常说道："别人家的孩子都在上培训班，我们不报，成绩会不会跟不上？""别人家的孩子都在报兴趣班，我们不报，会不会显得很落伍？"

教育的最终目标是让孩子们有能力创造自己的幸福生活。孩子的学习固然重要，但毕竟不是全部，人格的健全、心灵和身体的健康，与爸爸妈妈的亲密关系，都是孩子成长的关键。所以，请妈妈放轻松心态，陪孩子慢慢长大，把地基打好、打稳，只有这样，孩子才有能力构建好生活这座高楼大厦。

聪明妈妈手记

每个孩子都是一个优秀而独立的个体，要善于发现孩子的特点和潜质，适当地引导孩子，放手让孩子去尝试，并给予充分的肯定和鼓励。这样，孩子才会越来越优秀。

7 你给孩子的，是关爱还是溺爱

有这样一个家庭教育案例：

一位母亲为她已长大的儿子操碎了心，也伤透了心，最后她不得不求教教育专家。

专家问她："孩子第一次系鞋带的时候打了个死结，你是不是就不再给他买带鞋带的鞋子了？"这位母亲点了点头。

专家又问："孩子第一次洗碗的时候，弄湿了衣服，你是不是就不再让他走近洗碗池了？"这位母亲仍然称是。

专家接着说："孩子第一次整理自己的床铺，用了整整一个小时，你就嫌他笨手笨脚，对吗？"这位母亲惊愕地看了专家一眼。

专家又说："现在孩子长大了，不但没有上进心，而且一遇到困难就来找你，是吗？"这位母亲更惊愕了，从椅子上站起来，凑近专家说："您怎么知道的？"

专家回答说："从那根鞋带知道的。"

这位母亲又问："以后我该怎么办呢？"

专家说："当他生病的时候，你最好带他去医院；他要结婚的时候，你最好给他准备好房子；他没有钱时，你最好给他送钱去。这是你今后最好的选择，别的，我也无能为力。"

从这个案例中，我们可以看到，在母亲无微不至的关爱中，孩子一次次失去了学习自理能力的机会，最后连最起码的生活自理能力也丧失了，他今后如何面对生活呢？

苏联著名儿童教育家马卡连柯认为，"子女固然因为父母方面的爱不足而感受痛苦，可是他们也会因那种过分洋溢的伟大的感觉而腐化、堕落。理智应当成为家庭教育中常备的节制器。否则孩子就要在父母最好的动机下养成了最坏的特点和行为了。"

从事教育行业以来，我有一个很深的感触就是：我们每一个爸爸妈妈都在努力地爱孩子，从孩子一出生，就被父母视为掌中宝、心头肉。为了孩子，父母甘愿做牛做马，倾其所有也在所不惜。但是却没有意识到，这种爱是否有利于孩子以后的成长和发展。

就好比这两年开始流行学步车，家长为了防止孩子摔跤，给孩子买个学步车，然后把孩子放在学步车里，让孩子站在里面自由活动。关于学步车的利弊，网上也有很多评论和报道，我想妈妈们也应该有所了解。其实，孩子学步是迈出自立能力的第一步，这是一种自然而然的行为。妈妈如果担心宝宝摔跤，可以给孩子营造一个安全柔软的学步环境，而不是给孩子一个可以依赖的学步机器。

从孩子出生起，父母便给了无微不至的关怀，含在嘴里怕化了，捧在手里怕掉了。一直在保护着他们，希望他永远不受任何伤害，但是却忽略了如何教孩子避免伤害，这是非常不利于孩子将来在社会上生存的。

现在有很多小朋友，已经上小学了，还不会自己穿衣服、系鞋带。作为妈妈，爱自己的孩子，这是人之常情，那么如何爱孩子，怎样才能把握好爱孩子的分寸呢？

爱之深，责之切

严格要求，也是关爱孩子的一种表现。有句话说：“爱之深，责之切。”严格要求，正是出于深切的爱。要做到严中有爱，爱中有严，这并不意味着对孩子要训斥、打骂，而是要做到以合理为前提，同时态度应该是有耐心的。

严格要求对孩子来说是很重要的，因为孩子往往缺乏经验，是非界限有时分不清，而且对自己的情感和行为也不善于独立控制。如果家长不严格要求，他们往往无法主动自觉地严格要求自己，从而无法养成良好的行为习惯。

培养孩子独立自主的能力

首先，正确地认识和理解孩子，了解孩子在各个年龄段，普遍应该具备哪些能力；知道什么样的年龄，孩子应该会做什么事情。了解了这些之后，就可以放手让孩子学着自己的事情自己做，而不是让别人帮忙来做。

其次，还要了解孩子的特别性，知道孩子和其他孩子有哪些不同的地方，对这些特别之处要相应地采取不同的教育。如果一些能力是孩子的强项，那么就可以用更高的标准来要求他；若孩子生性敏感胆小，那么父母就应该多鼓励他大胆地去尝试。

建立亲密的亲子关系

独立自主性的培养，需要以孩子的信任感和安全感为前提和基础，当孩子相信在他遇到困难时一定会得到帮助，他才有可能放心大胆地去探索外界和尝试活动。因此，在孩子活动时，家长应该做一名观察者，并在合适的时机，给予鼓励。

给孩子提供独立自主的机会

作为妈妈，要学会给孩子创造独立生活的机会和空间，让孩子用自己的智慧去思考和解决问题，让他们用自己的双手去做力所能及的事情。家务劳动是培养孩子自理能力的很好途径。例如，让孩子从洗自己的小毛巾开始，逐渐学会洗自己的小袜子、小衣服，等等。从帮父母拿筷子、拿碗，逐渐学会洗米、洗菜、煮饭……

另外，孩子从小就喜欢看妈妈做饭，那妈妈可以随时给孩子创造一起互动的机会。比如，可以和孩子坐在一起，一边剥毛豆，一边聊天。先给孩子示范剥毛豆的过程：从毛豆侧面两瓣吻合处剥开，拿出豆籽。并对孩子说，碧绿碧绿的毛豆籽可好吃啦，营养很丰富，有蛋白质、脂肪、缮食纤维，还有钙、镁、铁等营养成分。还可以对孩子说，我剥一盘了，你剥几个啦？数数吧，有几颗？于是可以顺便教孩子数毛豆，一颗、二颗、三颗……通过实物让孩子理解数字的含义。

这种亲子共同参与，既劳动又学习，比起“你还小，这个你干不了，那个不宜干”之类的话，显然会更利于孩子的成长。

行为要引导，方式很讲究

自立从自理开始，不能自理，哪来的自立呢？所以培养孩子独立自主，应该先让孩子养成良好的自理习惯。许多父母在孩子的日常生活中总是照顾得无微不至，这样会让孩子逐渐失去对事物的评估和判断能力。

奇奇妈妈要带他外出，因为外面气温较低，妈妈让他多穿一件衣服，可他不肯，但奇奇妈妈什么也没说。出门后没一会儿奇奇就感觉到冷了，又不好意思跟妈妈说冷，小手冻得冰凉。这时候奇奇妈妈从背包里拿出那件奇奇出门前不肯穿的衣服，奇奇马上接过来，二话没说就穿上了。从此以后，奇奇妈妈再嘱咐奇奇加衣服时，他都会乖乖地穿上。

让孩子自己感受，远比说教要有用得多。

很多妈妈，担心孩子吃苦受累，担心孩子做不好，其实在身体承受范围之内多让他实践即可。不要怕孩子做不好，大不了重来一次，又有何妨？而在这个过程中，父母千万不能急躁，因为父母的急躁会使孩子失去耐心和信心，也不要一看到孩子做不好，就急于代劳。

聪明妈妈手记

孩子在爸爸妈妈的羽翼下长大，虽然温馨舒适，但这只会让孩子成长为温室里的一朵小花。我们可以爱孩子，却不能溺爱孩子、过分迁就孩子和过分宠爱孩子。有理智、有分寸地对待孩子，才是真正的爱。

8 什么样的爱才是对孩子最好的

2017年夏天，女儿出生。初为人母的我，仿佛世间所有的美好都在触手可及的眼前。医院的房间是粉色的，窗台上的绿萝迎着阳光努力生长，郁郁葱葱，绽放着属于它的快乐与活力。闺蜜从遥远的北京回来看我，我们像是回到了大学时代，轻松愉快地聊着天。

闺蜜说："自从儿子出生以后，所有孩子用的，我总是想给他买最好的。家里目前只有孩子爸爸一个人上班，除去房贷，还要养个孩子，已经是捉襟见肘了。但是我宁愿自己省吃俭用，也想给孩子用最好的东西。"

看到别人的孩子都在上国际双语幼儿园，闺蜜也把儿子送了过去。每个月近万元的费用，让这个家庭的财务压力又随之增加。丈夫工作很拼，常年工作，很少停下来休息，这让她很是担心丈夫的身体。

听完闺蜜的讲诉，我非常理解她的那份心情。女儿出生前，我几乎淘遍全世界最安全、最好的婴幼儿用品，最好的进口奶粉、名牌的衣服……想着此生一定要倾尽所能，为她提供最好的东西。

中国父母对孩子的爱向来深厚，愿意为孩子做所有的事情，把所有的爱都给予孩子，对孩子寄予了无限的期望。

那究竟什么样的爱才是对孩子最好的呢？

幸福和睦的家庭

家是孩子成长的摇篮，也是孩子栖息的港湾，更是孩子探索世界、探索未来的安全基地。一个温暖的家，能让孩子充满自信，让孩子可以在以后的人生道路上从失败中振作起来；一个幸福和睦的家庭，是孩子此生最重要的精神支柱。在充满爱的家庭中长大的孩子，以后情商也更高，也更容易拥有幸福快乐的能力。

反之，一个在不幸福的家庭中长大的孩子，会变得胆小，自卑感强烈，自尊心易受伤害，回避与同伴的交往，会变得孤僻退缩。所以，如果真的疼爱孩子，就给他们一个幸福温馨的家，让孩子健康快乐地成长。

良好的教养

其实每个人都喜欢有教养的孩子。有礼貌、能在饭桌前安安静静地吃饭，坐电梯时不上蹿下跳，在公共场合不大喊大叫……这样的孩子会让人觉得有教养。

然而这些细节，都需要大人在养育孩子的过程中给孩子建立教养意识和边界意识。让孩子知道什么事情可以做，什么事情不能做。

有一次，同学给孩子办满月酒，我应邀去参加。吃饭的时候，包间里还有一对我不认识的小夫妻，带了一个大概四岁的小男孩。包间的空间并不大，小男孩满屋子跑，并大声喊叫，而桌子上的零食也被他糟蹋得到处都是。这对夫妻全程没有让孩子注意一下，而他们却是一个在忙着刷手机，一个在忙着吃瓜子。

我们身边，缺乏教养的“熊孩子”随处可见，然而这都是孩子的错吗？并不是。每个孩子来到这个世界上，都是一张白纸，让孩子在成长的过程中明白什么是礼貌，是什么教养，是对孩子最大的负责。

兴趣爱好

让孩子学习一门特长，有一个兴趣爱好，对他以后的人生是非常有益的。因为再重要的考试都未必能决定孩子的工作走向，兴趣和爱好才可能是。

如今，一些功利主义的教育让我们忽视了一个重要问题，那就是兴趣爱好的教育，从而导致社会上产生了一种成功的“失败者”。

为什么说是成功的“失败者”呢？因为这群人虽然有着不错的工作和生活，却活得迷茫，没有目标，更没有生气。

我的一位朋友，毕业于985大学，拿着非常不错的薪水，有车有房，衣食无忧。有一次和她聊天，她说：“除了工作，我不知道自己还会干什么。目前的工作看似光鲜，其实危机感很重，随时有可能失业，也不知道未来会怎样。”

这位朋友不知道自己喜欢什么，也不知道自己在职业困惑的年纪应该继续学习什么。她最常做的就是，下班回到家，刷刷手机，吃点快餐，看看无聊的电视剧。然后第二天起来，继续带着危机感去工作。

人生不是考试，它需要有一个长久的兴趣爱好让自己的生活丰富起来。现在很多孩子从小到大，都上过不少的兴趣班、特长班，但是不知道家长们有没有认真思考过：到底为什么要让孩子学习一门特长、拥有一个兴趣爱好？

小风今年7岁，读小学二年级。平时他各方面表现都一般，别人考100分，他只考80分，为此没少挨妈妈的打。但是他特别喜欢看漫画，平时没事的时候也喜欢自己创作一些漫画角色和故事。后来他在班里逐渐有了一批“小粉丝”，他们为了看小风创作的“三国演义”，可以等上一个星期，甚至一个月。后来，小风成了学校里公认的“漫画高手”。

一个孩子，在自己热爱的事情上，生命会被打开、舒展，进而会产生飞跃。我相信，以后的小风，不管他在漫画方面有没有成就，这个经历都会对他的成长起到非常正面的作用。

被人尊重

从孩子获得行动能力的那天起，尊重孩子的探索，尊重孩子的天性，帮助他们获得丰富的生命体验，适应生活的各种挑战，就是对孩子最大的爱和最温暖的支持。给孩子尊重，就是给孩子氧气，让孩子这棵小树自由茁壮地成长。给孩子尊重也是给孩子信任，让孩子充满自信地去探索未知的世界。

没有尊重，一切教育、沟通在孩子的世界里都如同噪音。他听不进也做不好，无形之中也会把孩子养成以自我为中心、不顾及他人感受、不懂得尊重他人的人。

其实，我们能给孩子的爱远远不止这些。英国著名心理学家西尔维亚认为：这个世界上所有的爱都以聚合为最终目的，只有一种爱以分离为目的，那就是父母对孩子的爱。父母真正成功的爱，就是让孩子尽早作为一个独立的个体从你的生命中分离出去，这种分离越早，你就越成功。

作为妈妈，如何给孩子最好的爱，才是我们需要一直去学习的。

聪明妈妈手记

作为妈妈，最应该给孩子的是在他们年幼时最好的陪伴、正确的引导，让孩子成为一个独立自主，有自己的兴趣爱好的人，让孩子知道尊重他人并被他人尊重，让孩子心中有爱，并知道如何获得爱、自由、快乐、健康和财富。

9 孩子的未来取决于妈妈

俗话说，“一个好女人可以旺三代”。这话看似迷信，其实这其中有内在的逻辑和民间的智慧。

有项调查显示：幼年时期，孩子对于妈妈的依赖程度远高于爸爸，达到90%；13岁以后，孩子对爸爸和妈妈的依赖度逐渐均衡。也就是说，孩子从幼年时期，就对妈妈有着极深的依恋，妈妈的语言、动作、行为，都会无意识地影响孩子，甚至改变孩子的一生。所以，好女人决定家庭的兴旺，其中大部分是对下一代的教育和影响。而妈妈也是决定孩子未来的重要因素。

也许，我提出这样的观点，很多妈妈就会有疑问，难道孩子的教育只和妈妈有关，那孩子的爸爸呢？他不也是一样重要吗？没错，孩子的爸爸同样发挥了重要的作用，但孩子与妈妈之间天生的情感纽带决定了妈妈照顾孩子的时间更多，对孩子未来行为的影响更加深远。

唐宋八大家之一的柳宗元，他有一个具有浓厚文化气氛的家庭。柳宗元四岁那年，父亲去了南方，母亲卢氏带领他住在京西庄园里。卢氏信佛，聪明贤淑，很有见识，并有一定的文化素养。她教年幼的柳宗元背诵古赋十四首。母亲的启蒙教育，使柳宗元对知识产生了强烈的兴趣。卢氏勤俭持家，训育子女，在早年避乱到南方时，宁肯自己挨饿，也要供养亲族。后来柳宗元得罪贬官，母亲已垂暮之年，跟随儿子到南荒，没有丝毫怨言。她是一位典型的贤妻良母，在她身上体现了很多中国古代妇女的美德。正是母亲的良好品格，从小熏陶了柳宗元。

那么妈妈在平时对孩子的教育中，应该怎么做才能给孩子一个更好的未来呢?

善待老人

在日常生活中，我们会看到各种婆媳矛盾。也许每个家庭的情况不同，我们不去一一评论，但是作为妈妈，我们首先应该做的是善待老人，让他们过一个被子女尊重的晚年。

下面是表姑的故事:

表姑年轻的时候和公公婆婆住在一起，而为了一家的生计，表姑父在外打工。为了把公公婆婆赶出去，表姑两天一小吵，三天一大吵，家里几乎没有过过安宁的日子。当年，表姑的儿子不过几岁，有时竟和表姑一起，跟爷爷奶奶吵架，赶他们出去。

最后表姑的公公婆婆在外面搭了一间茅草屋，艰难地过生活。

公公生病的时候是婆婆伺候，公公去世后，婆婆就无人照料了。后来表姑的婆婆在茅草屋去世了，居然还是路过的人发现的。

当年，提起这件事，我妈说过这样一句话："你表姑这样，以后她的孩子会跟她一样的。"

如今表姑的儿子早已成家，而表姑的晚年却非常糟糕。

表姑的儿子在城市里生活，在有孩子之前，从未邀请表姑去城市的新家看过，也很少回老家看表姑。有了孩子后，不顾表姑一身病痛，非要表姑去帮忙带孩子，这一带就是三年。孩子上幼儿园了，儿子告诉表姑，现在孩子大了，自己也有时间可以接送了，表姑可以早点回老家了。

从城市回到老家的路程，需要坐一天一夜的火车，儿子儿媳连瓶水都没给表姑准备。表姑逢人就骂自己的儿子没有良心，但是从教育的角度来看，表姑的晚年，何尝不是她自己一手造成的呢？

在一个家里，你的一言一行都是孩子模仿的范本。做一个胸怀宽广的妈妈，善待家里的老人，把这种好的品质潜移默化地传递给孩子。让孩子以后成为一个善待他人，也被他人善待的人。

爱孩子的爸爸

父母相爱是给孩子最好的礼物。

自从我有了孩子后，我妈就经常从老家过来帮忙。每次来后不过一个星期，就开始念叨："你爸胃不好，也不知道今天做饭没”“这个点儿了，你爸钓鱼应该回来了”“冰箱里的那盘菜好几天了，我真担心你爸又热着吃了”“你爸……”

妈妈的各种“唠叨”，让我看到了爸妈之间的这种平平淡淡的恩爱。而我也从妈妈身上学到了很多优秀的品质：体贴、包容，从不在孩子面前说她爸爸的不是，等等。现在有很多妈妈生活不如意，就喜欢在孩子面前抱怨爸爸，甚至逼着孩子站队，这对孩子来说是非常痛苦的，也会对孩子以后的恋爱婚姻价值观造成很多困扰。

提升自己

这里所说的提升自己，并非一定是在职场上多么优秀、能赚多少钱，或者是学英语八级、社交广泛，等等。妈妈们对自己的提升可以包括很多方面，可以根据自己的实际情况和爱好来进行提升。比如，你喜欢厨艺，那就在厨房里施展自己；你喜欢旅行，那就多来几场说走就走的旅行；你喜欢健身，那就让自己拥有一个健美的身材。不管你身处什么位置，或是处在哪个行业，都可以做得很优秀，哪怕是全职妈妈，也可以过出精彩的人生，不是吗？

拥有好心情

二胎的开放，让很多二宝妈妈像陀螺一样，每天不停地转，情绪无法得到释放，所以对待孩子也难免会失去耐心。但是，比起做一个保姆式的妈妈，拥有好心情对于孩子来说是更重要的。所以，无论你多么爱孩子，多么不放心，请把孩子暂时交给家人，用短暂宁静的片刻来找回自己。

保持一个好的心情，学会释放压力，学会排解情绪，这对孩子也是一种爱和负责。

聪明妈妈手记

作为妈妈，重视自己的品格、成长和价值，用自己的行为去引导和熏陶孩子，让孩子有一个美好的未来，也许是最完美的教育。

10 一切从改变自己开始

曾有一个妈妈在网上分享她教育孩子的故事：

这位妈妈提到，自己曾像所有望子成龙的母亲一样，对儿子也寄予了厚望，从儿子出生那天起，她就许下心愿，一定要尽自己最大的努力让孩子接受最好的教育，将来成为一个优秀的人。儿子出生5个月后，为了能让孩子接受最好的早期教育，她辞掉工作回家一心一意带孩子。

儿子三岁时，为了让孩子能够读一所更好的幼儿园，住在郊区的一家人，选择了在市区租房。到了儿子读小学的时候，生活在三线城市的她，为了让儿子能够受到二线城市的教育，她变卖了所有家当，找亲戚朋友借了一笔钱凑够首付在二线城市买了一套房。因为她认为在教育方面，付出再多都不过分，怎么样投入都值得。

到了二线城市以后，这位妈妈对孩子的教育也提出了更高的目标。

这位妈妈把儿子送到当地最好的私立学校，后来发现儿子并不能完全适应，她又把孩子转到了当地最好的公立学校。前前后后，几乎花光了家里所有的积蓄。但是她认为这一切都会有回报的。让孩子成才，对她而言比什么都重要。

然而，这位妈妈心里的天平却一天天失衡了。因为自己的强势和对孩子过高的期望，导致夫妻矛盾一天比一天加剧，儿子也一天比一天叛逆。家里的冲突增多，矛盾逐渐升级。

有一次，儿子的学校打电话给她，说孩子没来上课。她在学校附近找了一天，终于在小卖部找到了儿子，气急败坏的她在学校门口追着儿子打。然而儿子却说："我不想回家，我也不想学习。"

这位妈妈说，那天，她在街头号啕痛哭，伤心欲绝。

后来她去找心理咨询师，哭诉道："我对儿子要求严格，我对这个家付出了很多。我承认我脾气不好，但是我也日夜不停地在奔波，难道不都是为了他吗？为什么我收获的却是这样一个结果？"

在心理咨询师的帮助下，这位妈妈开始了一点一滴地改变。她开始换位思考，理解孩子，也停止了对丈夫的抱怨和争吵，她不再试图改变任何人，开始一步一步地靠近孩子，走进孩子的内心。慢慢地，她发现夫妻关系和睦了很多，孩子也开始逐渐爱上学习，亲子关系也不再像以前那么紧张，后来儿子还考上了重点大学。

英国圣公会主教的墓志铭镌刻着这样一段话：“当我年轻自由的时候，我的想象力没有任何局限，我梦想改变这个世界。当我渐渐成熟的时候，我发现这个世界是不可能改变的。于是，我将眼光放得短浅了一些，那就只改变我的国家吧！但是我的国家似乎也是我无法改变的。当我到了迟暮之年，我抱着最后一线希望，我决定只改变我的家庭，改变我亲近的人，经验证我发现，这也不可能，因为他们根本不接受改变。在我生命将要结束的时候，我突然意识到，如果起初我只改变自己，接着我就可以依次改变我的家人，然后，在他们的激发和鼓励下，我也许能为我的国家做些事情；再接下来，也许我连整个世界都可以改变。”

所以，一味地要求孩子改变和一味地制造外部环境的改变，都不如先学会改变自己。学会一点点减少对于孩子的关注和控制，学会把过多的关注和爱用在自己身上，这样无论是对自己，还是对孩子乃至对家人都是莫大的进步。

提高自己的认知

如果说一个妈妈的认知水平决定了孩子未来的高度，一点都不为过。认知水平意味着对事物本身的理解、判断。妈妈的认知水平，对孩子未来的人生，有着非常重要的意义。

只有当认知水平提升了，我们在理解问题，判断事情的时候才不会变得狭隘，学习才会事半功倍；才会站在更高的角度去理解孩子，帮助和支持孩子。

学会接受和尊重孩子

我们不妨试想一下，如果我们的孩子身高没有别人家的孩子高，或者成绩没有别人家的孩子优秀，抑或是学习的自觉性习惯不如别人家的孩子，你能心平气和地接受吗？

英国作家奥兰朵曾经说过一句话："事实和一个判断的差异在于，事发期间是否有情绪卷入。"

当你面对孩子这些不够优秀的事实，就像面对今天的天气一样淡定，这些事情都没有困扰到你，或者对你来说这些都不是一个问题，那么你将会以一种尊重的心情面对这些事实。

假如你不能接受，那么情绪便卷入进来，判断也随之而至，这些判断时时刻刻都在暗示我们自己对孩子的不满。这些都会给妈妈或者给孩子带来无形的压力。如果你接受了这些事实，并且尊重孩子身上这一切，当然，并不是说你不需要理会孩子成绩不好，停止你的情绪，接受孩子身上的缺点；理性地思考，如何给孩子更好的支持。

和这个社会建立连接

我记得有一年母亲节的时候，不少网络推文中有这样一段话"妈妈的世界很小，小到只有孩子；妈妈的世界很大，大到常常忽略她们自己。"

妈妈的世界里，只有孩子，这似乎是大多数妈妈的共同的现状。

在孩子0~3岁的时候，的确需要妈妈更多的陪伴。而孩子到了3岁以后，则需要一个和社会、和世界有更多的连接。妈妈的工作、妈妈的社交、妈妈对生活的态度会一点一滴地渗透到孩子幼小的世界里。

也许你并没有一技之长，但是你一定有自己的兴趣、有自己的爱好，去努力地发挥，让孩子看到，自己妈妈也有闪光的地方，这难道不是更好的教育吗？

聪明妈妈手记

教育孩子是一个看似复杂但本质却很简单的事情，努力地去做好自己，为孩子做好榜样；陪孩子一起努力，相互学习，共同成长。而不是一味地去要求孩子、关注孩子。这样，你会获得一个更好的自己，同时也会拥有一个更优秀的孩子。

贰

放手，
让孩子既有个性又不任性

好的教育，源于生活中的点点滴滴。每个孩子都有个性，然而，放纵的爱会让孩子变得任性。在平时的一言一行中，引导孩子既有个性又不任性，这是我们必须去平衡的事情。

1 孩子很调皮，妈妈怎么做

孩子调皮，这大概是很多妈妈面临的一大难题了。

随着孩子不断长大，妈妈会发现，身边这个小朋友再也不是以前那个温顺听话的乖宝宝了。他们变得爱顶嘴、调皮捣蛋、自我意识强、喜欢和妈妈唱反调、同样的问题反复问无数次……每次遇到这些烦心的问题，妈妈头疼不已。

在儿童的心理发展过程中，有一个比较特殊的发育时期，表现为性情急躁，不听话，不愿意让别人干涉他们的事情，心理学家称这个阶段为叛逆期。

叛逆期是大多数孩子生理和心理发展的必经阶段。在此阶段，孩子会出现一些叛逆的表现。这是一种正常的现象，他是孩子自我发展的需要。孩子的否定行为证明了，他开始有自主意识，并在试图了解周围的环境，建立自己的好恶观念，表达个人的需求。

孩子进入幼儿期，自我评价逐渐发展，同时，自我意识与自我控制也开始发展。也就是说孩子越大，越有自己的想法。

作为妈妈，当孩子逐渐有自我意识和规则感的时候，应该感到开心，不能一味地责怪或者纵容，要把握好管教的分寸，运用一定的智慧和技巧，引导、化解孩子的反抗，帮助孩子顺利地度过叛逆期。

那么，如何更好地引导孩子，并使他们有良好的行为呢？

言传身教

你想孩子早睡早起，那自己一定要坚持良好的生活习惯。如果你不希望孩子发出大声喊叫的声音，也一定要让自己轻声说话。

告诉孩子你的感受

告诉孩子你的感受很糟糕，并且告诉孩子，他的行为如何影响了你。比如："我感到很沮丧，因为今天你的任务没有好好完成，还跟妈妈顶嘴。"

尊重孩子的自主性

孩子的自主性很容易被破坏，因为很多妈妈都喜欢孩子按照自己的想法来。你当然是出于一片好心，但是，当你因为孩子调皮发火的时候，是否有一点儿控制欲在内心作祟呢？当孩子的做法我们看不惯时，是否能够允许孩子去做，而不干涉评论呢？

著名教育家陶行知曾经提出对儿童应实施六大解放：解放儿

童的头脑，让他们能够去想，去思考；解放儿童的双手，让他们去做，去干；解放儿童的眼睛，让他们去观察，去看事实；解放儿童的嘴巴，让他们有足够的言论自由；解放儿童的空间，让儿童从鸟笼式的学校里走出来；解放儿童的时间，让儿童做支配时间的主人。

多提孩子的“好”

孩子表现好的时候，应该要及时夸奖。比如：

“我非常欣赏你把书桌摆放整齐的习惯！”

“你今天棒极了，帮妈妈倒了垃圾！”

“你越来越像个男子汉了，今天主动分享玩具给妹妹！”

夸奖得多了，你就会发现孩子会少一些调皮，多一些懂事。

少干涉，多倾听

冷静下来，多倾听孩子的心声，引导孩子说出自己的感受和想法。例如，“你种的小花枯萎了，我知道你很伤心”。你这样做时，可以帮助年幼的孩子应对紧张和沮丧等情绪，也让他们感到安慰，感到受到了尊重。

建立并遵守规则

首先和孩子一起讨论怎样做才是对的。在家里设置一个规则板，把和孩子商量好的规则写在规则板上，提醒孩子遵守规则。当孩子可以自觉遵守规则时，适当给孩子一些鼓励和奖赏。多多引导，自会养成规则意识和遵守规则的好习惯。

让孩子承担后果

作业不按时完成怎么办？可以和老师联合起来，让孩子去学校接受适当的惩罚，再反思整个过程，也许孩子会自己主动完成作业。

聪明妈妈手记

孩子出现一些调皮，不听话，甚至叛逆的现象，是常见的现象，这是孩子自我意识的成长。作为妈妈，这时应该用积极和建设性的方法，来指导孩子的行为。在孩子表现好的时候给予他鼓励和关注，而不是在他表现不好的时候给予惩罚。

2 妈妈不唠叨，孩子不叛逆

在亲子关系中，唠叨的杀伤力实在太大了。

朋友的女儿今年7岁，她说孩子几乎不跟她交流，很叛逆。有一次，我去她家做客，孩子房间的门一直关着，门上还贴着一张纸，上面写着：非请勿进！

朋友说："孩子每天放学后就把自己锁在房间里，几乎不出来。"过了一会儿，朋友对着房门喊道："不要先看书啊，先把作业写完。"再过了一会儿，朋友又过去对着房门说："在写作业没有？不要觉得妈妈看不到，你就在里面搞小动作。"朋友离开了不到三分钟，又回去说："马上到晚饭时间了，你要快点写完啊。"

这时房间里传来了大喊声："你再这样不停地说，这作业我就不写了。"

我对朋友笑说："如果我是孩子，我也会把你关在门外的。"

从这件事中，我们可以看到，妈妈和孩子亲密关系受到破坏的关键在于妈妈过于唠叨，时间久了，孩子就会产生逆反心理，随之竖起一道屏障，也就是心理防护墙，并用它来阻挡与妈妈之间的沟通和交流。

一项跨国研究表明，无论是中国、日本还是美国的孩子，最不能忍受的就是母亲的唠叨。面对喋喋不休的妈妈，他们先是以沉默来表示自己的不满，倘若母亲仍未停止训斥，他们就以顶嘴来反抗。

从心理学的角度来讲，属于“超限效应”。如果一个人接受某种刺激过多、过强、过久，超过了合理的限度，就会让大脑感到疲惫，产生心理惰性，从而降低了孩子对语言的吸收率和主动接受程度，进而产生逆反心理。

作为妈妈，我们都是爱子女的，所以总是忍不住对孩子叮嘱、提醒，但是过多的“唠叨”，就会像“紧箍咒”一般，成为噪音，让孩子产生“免疫力”，甚至开始叛逆。

很多妈妈说：“孩子还未成年，经验不足，如果不说，怎么教育孩子？”其实，作为妈妈，可以运用灵活的方式来避免唠叨，效果会更好。

做一个观察者

冰心说过：“让孩子像野花一样自然生长，要尊重儿童的天性和选择。”

有一次，我和朋友一起去山里避暑游玩。当地景色奇美，周围群山环抱，山涧的溪水，清清的、凉凉的。朋友的孩子今年五岁半，她像一匹小野马，在这里快乐地奔跑、欢笑。

我的这位朋友全程气定神闲地欣赏风景。我问她："你不担心孩子摔倒或者小溪的水太深？"她说："没事的，你越是跟在后面说，她越容易失去判断。"事实上，的确如此。这位小朋友，在看到有需要蹚过小溪的地方，她会先伸出一只小脚，轻轻地试探一下水有多深，如果不深，再尝试蹚过去。如果水有点深，她就再找别的地方过去。

而我的这位朋友看似一心在游玩，实际上她不过是忍住自己的唠叨，默默地观察孩子，让孩子用自己的方式知道哪里是危险的，哪里是安全的。

孩子独自玩耍时候，妈妈不应该过多地干预，你一喊一叫一插手，自然会影响他的专注力，也会减少他的探索欲望，孩子的思考能力也会受到影响。

换一种表达方式

孩子喜欢吃肉，不喜欢吃青菜，而你总是告诉他："要多吃青菜，不能总是吃肉！"孩子在看书，你说："不要总是看书了，让眼睛休息一下！"久而久之，孩子就会陷入一种"这样也不行，那样也不行"的思维状态。

那不如换一种表达方式吧。比如，"吃肉是很好的，可是你只吃肉肉，不理青菜，那青菜得多伤心啊！"孩子看书的时候，你可以说："宝贝，看书久了，你的眼睛会很累，它会不开心的，你可以让它休息一下吗？"或者抓孩子表现好的地方，表扬孩子："你今天吃了不少青菜呢，越来越棒了。"

换一种表达方式，会让孩子更容易接受，沟通也更加有效。

多说无益

作为妈妈，不管有多爱孩子，提醒的话都不适合说得太多，说一两遍，点到为止。如果孩子还是不听，那就可以试着让孩子自己承担后果。

孩子将来要独自面对人生，妈妈要学习放手让他自己去承担责任。比如，孩子早上起床磨蹭，做事拖拉，你担心他迟到，总是不停地催促，叮嘱他快点，与其这样，不如让他迟到一次，去学校受到老师的批评，下次他自然会注意的。

再比如，孩子看电视，你可以先给孩子约定好时间，告诉他只能看多久，时间到了要去休息。并告诉他："我只说一遍，不然就采取行动。"等孩子看电视时间一到，你就走过来提醒："宝贝，看电视的时间到了。"如果孩子能自觉关掉电视最好，如果不听，此时你就可以说："刚才我说了，我只说一遍。说了一遍没反应，对不起，我要替你关电视了。"

这种处理方式比较容易让孩子接受，也会形成孩子的自觉性，并锻炼孩子的控制力。

聪明妈妈手记

每一位妈妈都是爱孩子的，带着这种满满的爱，总是忍不住对孩子叮嘱、提醒，但是这种不放手、不放心似的叮嘱，就仿佛“念紧箍咒”一般，很容易成为噪音，让孩子产生“免疫力”，甚至开始叛逆。换一种表达，适可而止地提醒，孩子也就会更容易接受了。

3 妈妈多肯定，孩子更自信

对孩子影响最大的是父母，父母对孩子的评价会影响孩子的成长。

我读初中的时候，因为做了一次手术，所以耽误了大概半年的课程，回学校时，又面临即将到来的中考。因为当时每个班都有升学率考核，老师担心我考不上高中，建议我复读一年，明年再考。我不太愿意，但是抵不住老师的再三劝阻。后来妈妈给老师打电话，恳请老师让我去参加考试。妈妈说："希望你们让她试一试，孩子很努力，生病期间一直在看书学习。"经过妈妈的努力，老师同意让我去参加中考。后来，我以全班前十名的成绩升上了高中。这件事情对我的触动非常大，因为在我的成长过程中，妈妈对我的肯定，让我获得了自信。

读高中的时候，我喜欢写一些小文字，可是妈妈并没有觉得这样会耽误学习，反而鼓励我去投稿。投了几次没有回音，我有点灰心。妈妈说，只要你坚持投，一定会有人收的。

后来，一家杂志社写信告诉我稿子被选中了，但是需要交一百元钱作为比赛报名费，妈妈拿出平时省下的钱，毫不犹豫地把报名费交了。后来等了很久，再也没有这家杂志社的消息，再打电话已经是忙音，我明白自己是遇到骗子了。妈妈告诉我，“这不是你的问题，我们再试试别家。”在妈妈的鼓励下，我一直坚持写作、坚持投稿，直到高三时，终于在杂志上看到了我的文字。时至今日，我依然保持着对写作的热爱，这也与妈妈对我的鼓励和肯定有很大的关系。

孩子年龄越小时，妈妈的评价对他影响越大，并且这种影响是终身的。所以，作为妈妈，平时一定要多肯定孩子。比如，多肯定孩子讲礼貌、注意卫生、有勇气、努力、勤奋，等等。那么孩子就会逐渐养成积极向上的好习惯，也更加有自信。如果连妈妈都吝啬对自己孩子优点的赞赏，不及时肯定和鼓励孩子，给孩子足够的信任和安全感，那么孩子得多么地无助呀。

记得以前，经常听到很多妈妈这样的对话：

“你家孩子弹琴真棒”。

“哪里，哪里，平时弹得乱七八糟的，难得这次没那么难听。”

“你家孩子画画画得不错，将来说不定是一个大画家呢！”

“他离画家还差着远呢，有的时候画的是什么鬼东西我都不知道。”

“你家孩子成绩挺好的啊，听说这次考试考了两个99分。”

“哪里好啊，他们班还有人考100分呢。”

这些对话，是不是有一种似曾相识的感觉？看似妈妈之间客气的对话，但是如果让孩子听到，得多灰心啊。

有一次，几个好友聚会，朋友家的孩子在一旁玩乐高，小家伙拼得很认真，几个朋友都在夸孩子厉害，却只有孩子的妈妈说：“他就玩心大，平时读书一点儿都不认真，写作业也不积极。”

本来孩子很想给大家展示一下自己的作品，结果被妈妈这么一碗冷水浇灭了内心的想法。孩子沮丧地坐在旁边，非常不开心。

孩子在努力做完一件事情之后，都希望能够得到父母的肯定，如果妈妈一味地否定，或者专门挑孩子的缺点说，只会打击孩子的自信心，让孩子失去兴趣。

正面的肯定可以激发孩子的创造力

心理学家认为，当孩子的情绪处于欢乐、愉悦的状态时，往往是启发其创造力的最佳时刻。因此，对孩子适时地肯定、激励，所获得的正面效果是超乎预期的。因为在未来，社会发展的变化不是我们可以预料的，唯有创造力可以让孩子们面对将来未知的种种挑战。

多肯定可以激发孩子的热情

另外，对于天真无邪的孩子来说，多肯定往往具有巨大的正面效果。除了可以帮助孩子建立自信心、让他乐于表现自我并分享创作成果，更可以端正孩子的学习态度，让孩子保持对学习的热情。每个孩子都有自尊心，当孩子一点一滴的进步被认可和肯定时，他们便会倍感自豪。作为妈妈，不要放过每个值得表扬和肯定的机会，让孩子感受到成功的喜悦，要让他体会成功是多么快乐。

肯定也要有技巧

肯定可不是随口说一句“你真棒！”那么简单。

当妈妈肯定和认可孩子的时候，一定要针对特定的某一件事，这样的肯定会显现得更加有力量。肯定孩子时，越广泛越庞杂，肯定的力量就越弱。例如，你可以说“你今天的作业写得很用心”，这要比说“你今天的表现很棒”更能让孩子信服。

聪明妈妈手记

肯定也要挑好时机，不能一味地夸“你好棒”，妈妈们平时也可以多肯定孩子讲礼貌、注意卫生、有勇气、努力、勤奋，等等。那么孩子就会逐渐养成积极向上的好习惯，也更加有自信。

4 如何让孩子学会独立思考

妈妈，这是什么？妈妈，为什么会有这个？妈妈，那是什么？妈妈，为什么会有那个？妈妈，为什么要上学啊？妈妈，为什么那个房子是圆形的？妈妈……

生活中，你会发现身边的小朋友，简直就是一个行走的问号，他的问题简直就像滚雪球般，一个接着一个，越堆越多。那么，恭喜你，你的宝贝开始喜欢思考问题了。

当孩子出现这些现象时，很多妈妈会感到苦恼。因为总会被孩子突如其来的问题弄得不知所措，不知如何应对。

一方面，孩子的问题一个接着一个，甚至只要是他看到的，就会加个问号。另一方面，妈妈也不是百科全书，自身知识储备量太少，生怕孩子问着问着，就不知道怎么回答了，还会给孩子形成了错误的概念。

孩子从3岁开始，会发生一个明显的变化，再也不是那个只满足于吃喝拉撒睡玩的小宝宝。当然，这些也很重要，但是已经变成了孩子生活中的基本需求了，孩子也不再仅仅满足于这些，而是开始探索这个世界，开始思考问题并反馈问题了，这个阶段会持续到10岁左右。这个阶段是孩子智力飞跃发展的重要阶段，也是孩子独立思考能力培养的好时机。

作为妈妈，孩子向你提问题的时候，你回应孩子的方式，也就决定了孩子思考问题的维度。那如何才能更好地引导孩子独立思考呢？

鼓励孩子提问

当孩子提问题时，妈妈一定要有耐心，用积极的态度夸赞孩子提出这么棒的问题，这样以后宝宝才能更加主动地动脑筋思考，才能问更有质量的问题。切记不要不予理会，更不要不耐烦，敷衍了事。 如果你耐心、认真回答孩子的问题，启发孩子的思维，慢慢地，你会发现，孩子会越来越喜欢思考问题，而且这并不是一件让人头疼的事情，反而是亲子关系融洽亲密的表现。

试着反问孩子

有时候孩子问问题，并不是他们真的不知道，而是想在妈妈这里得到确认。比如，“妈妈，这个是什么？”这个时候，妈妈可以先不急着给孩子答案，可以装一下糊涂，反问孩子：“妈妈也忘记了，这是什么呢？”以这种方式，慢慢引导孩子自己说出来，如果孩子实在不记得，再告诉孩子答案。

和孩子一起探讨答案

妈妈也不是万能的，不是所有的问题都可以准确地答上来，如果不清楚怎么解释，妈妈千万不要想说什么就说什么，因为这样很可能会误导孩子。这时可以告诉孩子，妈妈也不太会。但这并没有结束，因为问题并没有解决，这时妈妈可以邀请孩子一起去寻找答案，可以和孩子一起动手实践，看看答案到底是什么，这样孩子才能搞明白；或者买一些相关的书籍给孩子看，让孩子在书本里寻找答案。

在一个知名网站上，曾经有个提问："孩子害怕打针怎么办？"在众多回复里，一位妈妈的回答很精彩。

她的女儿4岁，对小朋友们最怕的去医院、打针、吃药，完全没有恐惧。打疫苗之后，医生让妈妈用棉棒帮她按着针眼，她会甜甜地对医生说："等血小板凝固了，就不会流血了。"医生给她们开药、写处方，她在旁边一脸镇定："等我的白细胞把它们杀死，我就好了。"

原来这个孩子之所以如此镇定，是因为她掌握了许多和身体、疾病相关的知识，有的甚至连一些成年人都不知道。如果有小朋友去她家里玩儿，她的"过家家游戏"不是做饭、哄娃娃，而是拿出人体模型，像医生一样给小伙伴讲人体构造。

很多网友向这位妈妈求教，到底是怎么把孩子培养得小小年纪就这么见多识广？她说，自己其实并没有特别让孩子学什么，只是自己平时喜欢读书，孩子就有样学样地读书。她还晒了女儿书柜的照片，各式各样的图书满满当当。

她说，只要孩子对什么感兴趣，她就会买来相关的书给孩子看。不知不觉中，孩子的书读得越来越多，知道的东西也就越来越多。比如，有一次她带孩子出去玩，孩子对石头很感兴趣，提了很多问题，她后来就买了一些岩石、岩浆、地理方面的书籍。孩子没有嚷嚷看不懂，反而开心地看得津津有味。

如果这个妈妈每次给孩子的答案，只是类似“石头有什么好说的，不就长那样吗？我们去看猴子吧”“问这些干吗？等你长大以后就知道了”“这些你现在还看不懂，以后再说吧”，孩子还会一直保持求知的热情吗？答案肯定是否定的。

聪明妈妈手记

好的教育，源于生活中的点点滴滴。聪明妈妈是孩子最好的老师，在平时的一言一行中，引导孩子如何去独立思考，把简单的教育投射在生活的细节中，你会发现，孩子会越来越喜欢思考，也会给你带来更多的惊喜。

5 不听话的孩子也是好孩子

“你这孩子怎样又不听话啦？”

“你什么时候才能听话，才能让妈妈省点心！”

“乖乖听话，妈妈下次给你买一个玩具。”

……

日常生活中，这几乎成了很多妈妈的口头禅。似乎妈妈们都有这样一个共识：只要听话就是好孩子，不听话就是让人头疼的调皮孩子。其实，最调皮的孩子往往却是最聪明的孩子。某儿童教育杂志中曾经有这样一句话：“顽皮的男孩是好的，顽皮的女孩是巧的，听话的儿童是问题儿童。”

为什么说听话的儿童是问题儿童呢？所谓听话的儿童，常见的特点是缺乏自主意识，有想法、有问题也不提出来，更不喜欢争议，如果妈妈们一味地强调听话，那么是很容易培养出儿童的奴性，使其毫无独立性，对问题缺少个人见解，久而久之，比较容易产生心理问题。

而那些往往没有那么听话的孩子，反倒是将来有发展潜力和最有出息的孩子。

不听话的孩子，往往更有主见，思维更加活跃

孩子之所以不听话，是因为他们可以意识到“父母的话也不一定都是对的”。这说明他们具备一定的思考能力和洞察力，只是表达方式不是很恰当。如果好好引导，这类孩子长大了往往能成为敢于表达自己，敢于发表自己看法、意见，有自信心的人。

不听话的孩子，更有创造力

如果总希望孩子规规矩矩、百依百顺，孩子不听话就不能容忍，这样的家长往往是把孩子管得过严、限制过多。久而久之，孩子的创造性也就被扼杀了。而不那么听话的孩子，往往不喜欢受到限制，他们会在某些事情上相当有创造力。

在《盖茨是这样培养的》一书里，比尔·盖茨的父亲第一次讲述了对盖茨的教育。小盖茨并不是一个乖巧的孩子，小学时就是一名不安分的学生。他做事磨磨蹭蹭，经常迟到。然而盖茨父母积极引导盖茨的天赋，给他自由成长的空间。在中学时期，比尔·盖茨虽未能改掉他身上不听话的“坏毛病”，但他的数学天分得到了进一步的发掘，迷上了令他倾注毕生精力的计算机。比尔·盖茨和许多孩子一样，常按照自己的兴趣来对待学习，凡是自己喜欢的课程，他就狠下功夫，学得非常出色；而对其他课目，他只是交差般地应付着。父母的这种宽容和理解的态度，是对他最大的支持，正是这种符合个性的人性化的家庭氛围，给他的才华装上了展示和飞翔的翅膀。

不听话的孩子，更加会表达自我

朋友的孩子阳阳，一直想学小提琴，而朋友想让阳阳学钢琴，母子俩争执不下。有一次母子俩又为这个问题讨论起来，阳阳说："妈妈，你总是想让我学你想让我学的，让我了解你想让我了解的，可是那都是你的世界，我的世界不是这样的。"阳阳的这句话让我的这位朋友醍醐灌顶。从那以后，朋友开始反思自己教育方式的不足之处。

有些妈妈抱怨孩子顶起嘴来"一套一套的"，其实这些正是孩子在努力表达自己的思想、阐明自己的观点。用语言与外界世界多次沟通、反馈后，他们往往能语出惊人。

因此，对于不听话的孩子，妈妈一定要摆正心态，少一些焦躁、偏见，多一些尊重和理性，倾听孩子的想法，分析孩子不听话的原因，以正确的方式方法因势利导，发挥出孩子自己的优势和特长。

我曾采访过一位非常优秀的小学老师，他更多关注的不是班里听话的好学生，而是把精力放在几个"问题学生"身上。他说："不听话的孩子不代表不聪明，他们往往是因为没有得到理解和尊重，所以才会变得叛逆、不听话。"他还说："一位真正合格的教师，衡量的标准不是学生的成绩提高了多少，而是看他真正改变了多少个‘问题学生’。”

世界上没有不爱自己孩子的妈妈。同样，世界上也没有教不好的孩子。希望妈妈把真实的、正确的爱传递给孩子，让孩子能够在爱和理解中成长。在给孩子引导好边界意识的同时，弄清楚孩子“不听话”背后的原因，尊重孩子的自我意识，给孩子一个适当的空间，让孩子自己决定一些事情。

由此可以看出，其实不听话的孩子也是好孩子！

聪明妈妈手记

如果选择合适的教育方式，不听话的孩子也会被培养成优秀的孩子。因为他们往往具有独立性强、爱思考、有主见的特质。因此，妈妈要多与孩子交流沟通，遇到问题不要急于批评，让孩子感受到妈妈的爱。在爱的环境下把孩子培养成一个品质优秀的孩子。

6 你还在给孩子贴“标签”吗

不知道妈妈们有没有这样评价过自己家或者别人家孩子，“这孩子胆子太小了，以后被人欺负了怎么办？”“这孩子，心眼儿可多了！”“这孩子霸道得很，总是和别人打架！”“这次考试怎么只考了91分，成绩这么差，以后怎么考大学？”“吃东西都不先给妹妹分享，你怎么这么自私”……

我想，这些不经意的评价，应该经常出现在妈妈们的词汇里。妈妈们每天将这些“主观”的想法投射在孩子身上，用这些“自我定义”给孩子贴标签，有时候甚至自己都没有意识到。

“坏标签”要不得

不管是出于什么原因，妈妈们都不能给孩子贴上负面标签，尤其是当着孩子的面。一个标签，贴上去容易，但想撕下来就难了。

小时候，有个邻居爷爷，看到我经常喊：“爱哭鬼！”我也不知道哪次哭让他听到了，以至于这个爷爷给我起了个外号叫“爱哭鬼”。后来长大了，这个外号一直在我心里隐藏着。每次我忍不住流眼泪的时候，脑子里想的全是“我就是个爱哭鬼，从小就爱哭，怎么长大了还是这么爱哭”。虽然这个爷爷只是在跟我开玩笑，但是这个童年标签，在我心里一直挥之不去。

现在想想，我应该庆幸这个邻居爷爷喊的不是“胆小鬼”或者“笨蛋”之类的外号。如果是，那我成年后得有多大的心理阴影啊。

今年6岁的乐乐就没有这么幸运了。乐乐的妈妈趁着暑假给乐乐报了游泳班，一起游泳的有七八个孩子，游泳速度难免会参差不齐。有一次吃饭的时候，乐乐告诉妈妈：“妈妈，我吃饱了，不想吃了。”乐乐妈妈这时突然大声吼起了乐乐：“你每次都吃得这么少，瘦的像个猴子一样，难怪游泳时被人家甩在后面。”乐乐听到后，大声地跟妈妈说：“没有。”6岁的孩子，还不会用太多的语言跟妈妈解释，她并没有每次都落在后面，但是从乐乐眼里含着的泪水能够感受到，她有多委屈。并且乐乐妈妈的这种打击性标签，也直接影响到了乐乐游泳的积极性。后来听说乐乐越来越不喜欢游泳，甚至到最后她都不愿意去学习游泳了。

为什么妈妈们这么高频次地使用这些负面标签呢？逻辑学里有一个定义叫“基本归因错误”。基本归因错误是归因偏差的一种，是指观察者倾向于把行为者本身看作其行为的起因，而忽视了外在因素可能产生的影响。

假设你的孩子考试没有考好，错了几道并不是很难的题，你会如何判断此事呢？

A.最近他的状态不太好，也许是没有发挥好，就是一次考试而已，不代表什么。

B.这孩子太粗心了！这么简单的题，就不能上心一点儿吗？

事实上，因为信息不足，你也没有和孩子深入地沟通，你并不能确切地知道考试没考好的原因。即使如此，你还是会进行归因的，这个A/B选择其实就是情境和倾向性归因。实验研究表明，总体而言，选B的人数明显多于选A。这种倾向是如此强烈，以至于心理学家将其标注为：基本归因错误。人们在考察原因时，具有高估倾向性因素（谴责或赞誉人）、低估情境性因素（谴责或赞誉环境）的双重倾向。

前文中乐乐的案例，我们可以看到，乐乐的妈妈把她游泳落在别人之后归结为你瘦得像个猴子，所以你体力就是不如别人，而忽视了游泳本身只是一项运动，孩子们并没有把它当成比赛；或者游泳只是一个乐趣，谁先谁后，是常有的事情。

“好标签”同样危险

心理学认为，标签无论“好”与“坏”，对一个人的个性意识及自我认同都有强烈的影响。当一个人被一种词语名称贴上标签时，他就会作出自我印象管理，使自己的行为与所贴标签内容一致。所以，如果说坏标签让孩子产生羞愧感，摧毁了孩子的自我价值，而那些常被妈妈们提到的赞美标签也会让孩子过度膨胀，同样摧毁了孩子的自我价值。比如，“你好聪明”“你是最优秀的”，等等。

因为，一味地赞美孩子聪明、优秀只能让孩子满足于赞美，以为自己就是高高在上的，万众瞩目，没有一点儿瑕疵。现在很多孩子心理比较脆弱，承受能力差，在学校老师稍微批评一下，就不愿意去上学，甚至厌学，这也与孩子平时的赞美式教育有关。

那么，妈妈们如何做才能避免给孩子贴标签呢？

改变说话方式

用正面的语言，表达你的想法和情绪。当孩子表现出不适宜的行为时，妈妈可以直接用正面语言说出你希望他做到的。比如，孩子无理取闹时，可以这样告诉他：“妈妈很生气。无理取闹是不对的，我希望你能安静下来。等你安静下来后我们再好好聊。”如果孩子考试没有考好，你可以告诉孩子：“你平时很仔细、很认真，这一次可能是因为什么原因没有考好，我们下次加油，好吗？”

就事论事

我知道，每次“熊孩子”犯错，妈妈们就忍不住想发火，就很容易说出不恰当的气话从而变成标签。这个时候，妈妈可以先冷静下来，然后这样说："我知道这件事情你不是故意的，妈妈虽然很生气，但是我相信你一定会做得更好！"

了解行为背后的原因

每个人都期望自己被理解，孩子更是。当孩子做错事情的时候，妈妈要冷静下来，用温柔的语气，尝试着去问问孩子为什么，尝试去打开孩子心灵的大门，走进孩子的内心，这样才能进行亲子之间有意义的对话。当孩子分享这些行为的原因时，妈妈应该给孩子指导性的提示和建议。

多反思自己

只有更好地反思，才能促进成长和进步。妈妈也不是天生的教育专家，也需要一步步地摸索、改变，和孩子一起成长。经常反思我们在教育孩子过程中产生的负面影响，积极学习，努力做一个好妈妈。

找机会向孩子道歉

当你不小心给孩子贴上了标签，也许你需要向孩子道歉，承认自己的错误。这样，孩子也会有进一步的改变。

聪明妈妈手记

一个标签，贴上去容易，撕下来难。作为大人的我们，喜欢被人贴标签吗？你喜欢别人说你做事粗心、磨蹭、懒惰这样的话吗？孩子也不希望被妈妈这样评价。所以，聪明的妈妈，要学会放下标签，用正面积极的心态来面对孩子。

7 给孩子尊重和理解

女儿10个月的时候，婆婆来帮忙照顾，照顾的过程中，婆婆尝试给她把尿，但是每次把尿，孩子都很抗拒，几乎没有成功过。婆婆跟我提起这件事，我说："每次把尿之前试着跟她商量一下，效果应该会好些。"后来婆婆每次把尿之前，都会和女儿沟通，告诉她："霏霏，奶奶带你去嘘嘘好不，待会儿裤裤湿了霏霏会不舒服的。"没想到，这个小宝宝真的就不再抗拒了，还挺配合。

你看，别看孩子小，她可是什么都知道呢。

彤彤今年7岁，读小学二年级。彤彤的妈妈是数学老师，准备利用暑假的时间，专心教彤彤学习奥数。每天两个小时的时间，雷打不动地学习奥数。彤彤想去学古筝，妈妈没同意；彤彤想像同学一样，爸爸妈妈陪着去旅游，妈妈也没有同意。因为这个暑假，妈妈给彤彤制定的目标就是学习奥数。

后来彤彤的对抗情绪越来越严重，甚至拿起文具盒把妈妈的手给砸伤了。

南京师范大学心理学院王礼军教授在《真、假自体对“孔融让梨”的新诠释及其教育启示》一文中这样写道：“当下，寻找真实的‘我’以及生命的意义成为人们关注的核心问题。在教育领域，针对儿童应该遵循内心的感受抑或迎合父母和外部世界的要求行事，已成为一个备受关注的话题。”

我们可以再回到上述的两个例子。如果女儿一直被强迫把尿，那可能有两个结果：

（1）她一直抗拒，甚至造成对尿尿这件事有逆反心理。

（2）她开始顺从，那么这是她愿意的，还是拗不过大人，才选择的顺从？久而久之，容易产生“假自体”现象。

无论哪一种，这都不是我们希望看到的。

我们再来看彤彤的例子，彤彤想学奥数吗？并不想。她想学的是古筝，她的暑假也并不想在奥数中度过。那彤彤有得到应有的尊重了吗？也没有。那么事情发展下去也同样会产生两个结果：

（1）彤彤不情愿地顺从妈妈的安排，但并没有发自内心地学习，这种自发性的教育方式也会引起孩子产生不真实和无效的性格特点。

（2）彤彤不顺从妈妈的安排，这就引发了彤彤和妈妈激烈争吵的情况下，拿文具盒伤害妈妈的冲动、叛逆行为。

无论是哪种结果，我想这都不是彤彤妈妈想要的。

法国思想家卢梭曾经说过：“儿童是独立的个性体，是大自然中的精灵，要爱护他们，尊重他们。”所以，当孩子从出生那一天起，他未来的人生就有无限可能，如果你一味地去掌控孩子的选择和喜好，那孩子哪里还有什么幸福快乐可言。

精神分析学家温尼科特认为，儿童人格发展的结构包括“真自体”和“假自体”，两者都来源于婴儿早期与环境（主要指母亲）的相互作用。他指出，自发性动作是行动中的真实自体，创造性和真实感是真实自体的独特特征。而虚假自体是婴儿被迫过程过早地顺从环境的结果，并表现出不真实和无效，以及人际关系中的真诚缺乏等特征。

那么，妈妈在教育孩子的过程中，该如何把握分寸，尊重孩子的自我意识呢？或者是“孩子说什么做什么，我都不干涉”就对了吗？

就好比孩子说：“妈妈，我不想读书了，我想在家玩游戏。”或者是说：“妈妈，我想一个人去旅游。”对于一个几岁的孩子来说，你能尊重他吗？显然不能。那么如何对孩子做到既尊重，又不放纵呢？

让孩子自己做选择

小卓每周六下午都要去上培训班，他周五和妈妈约好了上完课，让妈妈带他去吃汉堡。周六上午的时候，小卓突然告诉妈妈，他下午不想去上课了，想去同学家里玩。这时小卓的妈妈没有立即反对，而是和小卓商量着说：“儿子，你想去同学家玩，妈妈并不反对。但是如果你去了，你就要想好两件事情。第一，你需要另外花时间补上今天落下的课；第二，今天晚上你想吃的汉堡包也将取消，因为你没有遵守和妈妈的约定。如果这两个结果你都可以接受，那妈妈不会反对你去找同学玩。”小卓想了想，最终选择了去上课。

让孩子自己选择，并意识到如何承担选择的结果，也是对孩子的一种尊重和对孩子自主思考能力的引导。

态度尊重，原则不迁就

和孩子之间有不同的意见和分歧时，首先家长要冷静下来，控制好自己的情绪，给孩子最起码的尊重。再跟孩子讲道理，分析事情的利弊。你跟孩子讲道理，才能让孩子成为一个讲道理的人。如果你态度蛮横、专制，不用事实和道理说服孩子，那怎么能让孩子成为一个明事理的人呢？反之，如果一味地满足孩子的不合理要求，毫无原则地去迁就孩子，那么，孩子必然会为所欲为，变得任性。

朵朵到邻居家玩时，看上了一件喜欢的玩物，她一直爱不释手。这时妈妈并没有当着大家的面斥责朵朵的行为，只是选择了没有旁人在场的时候告诉朵朵：“妈妈知道你很喜欢这样东西，但是这是阿姨家的，所以朵朵不能只顾自己的喜好，而不顾及别人的感受，那是不对的。”朵朵很听话地把这件玩物还给了邻居。只有得到尊重又不过分受迁就的孩子，才会有规则意识，才会更加理解别人的感受，心理才会健康发展。

平等的亲子关系

“他山之石，可以攻玉”。作为妈妈，我们也可以学习其他国家的教育经验。我曾经在一篇文章上看到“美国是一个相对自由的国家。在美国，家长除了为孩子提供知识和营养外，还特别尊重孩子。每一位家长会把孩子视为一个独立的个体，做事会与孩子商量，他们努力地去培养孩子的独立自主性，让孩子自己决定自己的事情。”

现代德国的家庭教育主要是为子女创造良好的家庭环境和家庭氛围，给子女提供良好的发展场所。家长的主要职责是为孩子的成长提供必要的条件和指导。亲子之间的关系是民主与平等的关系，父母很少强迫子女服从自己的意志，也不要求子女按照他们的生活模式生活。

德国的父母认为子女不是自己的私有财产，而是一个社会的公民，不能因为亲子关系就破坏了社会的行为准则。父母这种理性的教育态度，深深感染和影响了孩子。德国的青少年也以自我独立地发展为成长目标，他们不希望过分依赖父母。许多孩子在十四五岁就开始通过自身的劳动获取一定的零花钱。男孩子会以发送报纸、广告，为草地除草等方式获得报酬，女孩子则通过照顾小孩和餐饮服务为自己积累财富。

孩子是一个独立的个体，不是父母的私有财产，更不是父母的一个小宠物。尊重孩子，不仅可以让孩子学会尊重他人，还会让孩子成为一个有独立自主意识的人。

聪明妈妈手记

尊重孩子，不仅是因为他们需要妈妈的爱护、关心和培养，还在于他们是不容忽视的独立个体。孩子从出生开始，就拥有自己的权利，有权利生存，有权利得到尊重。只有孩子被他人尊重，他才可以获得自尊。

8 学会有技巧地赞美孩子

在前文中，我们谈到了如何才能不给孩子贴标签，提出了有哪些正面标签是不能用在孩子身上的，比如浮夸的赞美。很多妈妈就有疑问了，这也不行，那也不行，那该怎么夸孩子才好呢？

不夸孩子聪明

不知道什么时候开始，赞美式教育开始在家庭教育中盛行。当孩子取得一些小小的成绩，妈妈就会说："我的宝贝真聪明！"我们都知道，聪明一般是指一个人天资聪慧。如果我们长期夸孩子聪明，会让孩子觉得，这件事情，我是因为聪明才做好的，而不是我努力了才做好的。久而久之，孩子做事就会忽视努力的作用，而依赖天资聪明来获取成功。

赞美不是越多越好

一次恰如其分的表扬比十次夸张式的赞美好得多。这个表扬可以针对性地指出孩子的进步。比如，孩子这次考了100分，妈妈可以说："妈妈觉得你进步很大，很努力，下次我们继续保持这个好成绩好吗？"

如果妈妈这个时候说："宝贝，你真厉害，考了100分！"这句话会让孩子潜意识觉得，我考100分，是因为我厉害，从而忽视了自己平时的努力。

在别人面前赞美

妈妈们可能会觉得，在别人面前赞美自己的孩子也太不谦虚了吧。其实，家长有时在亲朋好友面前展示孩子的优点，并及时给予适当的赞美，会收到良好的效果。所以妈妈们，在平时生活中，对孩子说话一定要尽量使用鼓励的、肯定的标签。

小时候，有一次妈妈跟人家聊天的时候提到我，她说："这孩子，胆子可大了。"听到这些话，我越来越觉得自己胆子挺大的。上课的时候，只要老师提问问题，我就积极地回答。高考的时候，我一个人去参加的考试，并且顺利完成了考试，也没觉得很紧张。大学的时候，有什么表演活动，我都特别积极地参加。后来工作了，会议上积极发言，有什么创意想法也会大胆提出来，所以职场比较顺利。可以说，妈妈这句不经意间说的话影响了我的一生。

当然，妈妈们在表扬的时候，要拿捏好分寸，否则可能会让被表扬的孩子以及听的人感到不自在。

发自内心的赞美

一句发自内心的赞美，不敷衍、不夸张，会更有力量。

卡耐基小时候是大家公认的非常淘气的坏男孩。在他9岁的时候，父亲把继母娶进了家门。当时他们是居住在乡下的贫苦人家，而继母则来自较好的家庭。

他父亲一边向继母介绍卡耐基，一边说："亲爱的，希望你注意这个全郡最坏的男孩，他可让我头疼死了，说不定会在明天早晨以前就拿石头扔向你，或者做出别的什么坏事，总之让你防不胜防。"

出乎卡耐基意料的是，继母微笑着走到他面前，托起他的头看着他。接着又看着丈夫说："你错了，他不是全郡最坏的男孩，而是最有创造力，但还没有找到发泄热忱的地方的男孩。"

继母说得卡耐基心里热乎乎的，眼泪几乎滚落下来。就是凭着她的这句话，他和继母开始建立友谊。也就是这句话，成为了激励他的动力，使他日后创造了成功的28项黄金法则，帮助千千万万的普通人走上成功和致富的光明大道。因为在她来之前没有一个人称赞过他聪明。他的父亲和邻居认定他就是个坏男孩，但是继母只说了一句话，便改变了他的一生。

卡耐基14岁时，继母给他买了一部二手打字机，并且对他说，她相信他会成为一位作家。他接受了她的想法，并开始向当地的一家报纸投稿。他了解继母的用心，也很欣赏她的那股热忱，因为他亲眼看到她是如何用她的热忱改善他们的家庭的。

来自继母的这股力量，激发了他的想象力和创造力，帮助他和无穷智慧发生联系，使他成为20世纪最有影响力的人物之一。

赞美具体的事情

赞美孩子的时候，学会将注意力集中在孩子做的具体事情上，而不是单纯的夸奖。

孩子考试成绩不错时，你可以说：“多出色的成绩，这代表你平时很努力，你肯定为自己感到骄傲。”当孩子在和其他小朋友分享东西的时候，你可以说：“你把自己心爱的玩具分享给小朋友一起玩，妈妈为你感到骄傲。”孩子写作业的时候，你可以说：“你累了还在坚持写作业，说明你很自律。”

以上这些赞美方式，妈妈们不妨试一试，赞美对了，孩子才能受到更好的鼓励和启发，发挥最大的潜力，创造更好的奇迹。

聪明妈妈手记

莎士比亚说：“赞美是照在人心灵上的阳光，没有阳光我们便不能生长。”而妈妈的赞美更像是撒在孩子心里世界的阳光。有了恰当的赞美，孩子这块心灵的土壤才会生根发芽，收获美好的果实。

叁

放手，让孩子成为小学霸

如何让孩子爱上学习，成为小学霸，是每个妈妈都关心的问题。那么，我们首先应该明白，什么才是学霸？学霸具备哪些品质？什么样的家庭最容易出学霸？

1 放手，让孩子自主学习

因为在教育行业工作，同时又是一个妈妈，我经常会碰到很多妈妈跟我讨论关于孩子学习的问题，谈到最多的是以下现象和问题：

我家孩子不爱看书怎么办？给他买书他不看，给他讲故事他不听；我家孩子不爱写作业怎么办？每次写作业我就像后妈一样；我家孩子自主学习的能力太差了，给他制订的计划，从来就没有完成过；我给孩子找了好学校、好老师，为什么他对学习还是没有兴趣？

学习从来就不是一件轻松的事，无论在哪个国家都一样。

曾有文章提到新加坡的小学教育，教学领域非常广泛，除了一些专门的课程之外，还有艺术、语言等领域，充分开拓学生的天赋。但是新加坡的中小学教室后面的墙上也经常悬挂着一把戒尺。据说，孩子表现不好，老师是要打手心三下的，而且是要有两个老师在场才能执行。

回想一下，我们小的时候，对学习有很大的兴趣吗？现在回忆起我的小学生活，记得最深的不是我多么热爱学习，多么期待考试，而是和小伙伴翘课去捉螃蟹的情景。如果是在现在的竞争环境下，估计要被我妈狠狠地“修理”一顿了。

既然学习这么不容易，那如何才能让孩子爱上学习并开始自主学习呢？

让孩子明白为什么要学习

妈妈们也许会觉得，学习难道不是孩子的责任和使命吗？只有好好学习他才能考上一所好大学，以后在这个社会才能更好地生存。可对于小孩子来说，这些意义太遥远了，他感受不到。

精神分析学家西格蒙德·弗洛伊德在心理动力论中提到：“人的精神分为本我、自我与超我三大部分，“本我”（完全潜意识）代表欲望，受意识遏抑；“自我”（大部分有意识）负责处理现实世界的事情；“超我”（部分有意识）是良知或内在的道德判断。人们或许可以把自我和本我之间的关系与骑手和马匹之间的关系做个比较。马匹提供牵引能量，而骑手有决定目标的权利，并引导这匹马有力地向着目标移动（骑手——自我；马匹——本我；行进的实际方向——超我）。

有一位知名的学前教育老师曾强调，家长能做的事情就是培养孩子某些素质，以帮助他成长，其中之一就是强大的自我。

在《孩子自我是什么时候出现的？》这篇文章中也有提到：

“自我是唯一能够让孩子自己抓住，让他成长获益的东西。也就是说，他要调节自身的需求，但同时也要兼顾爸爸妈妈的想法以及自我的想法。”

作为妈妈，培养孩子的自我发展，让孩子明白为什么要学习，比逼着孩子被动地学习，效果要好很多。

比如，妈妈可以和孩子谈谈彼此的梦想是什么，告诉孩子自己小时候的梦想是怎样的。让孩子感受到你的尊重与期待，同时也可以让孩子对未来的人生有一个思考，而这种思考，就是心智中超出本我的一部分。

学习和奖惩无关

在心理学中，有一个“潜伏抑制”的实验：如果动物在形成敲铃喂食的条件反射之前，听到过太多的铃声，那么，你怎么样敲铃它都无动于衷。

孩子的学习也是如此，如果家长不停地用物质奖励或者长期用浮夸的表扬，就会在孩子的大脑皮层中会形成“潜伏抑制”，长期下去，孩子就无动于衷了。

不把成绩与各项物质奖惩挂钩，不混淆两者的关系，发自内心地和孩子分享取得小小成就后的喜悦，让孩子明白考出好成绩是自己努力的回报，不是为博得妈妈的欢心，也不是为给妈妈一个交代。

舍得放手

学习是孩子自己的事，作为妈妈，千万不要把外力用的太多。外力太多，就干扰了孩子的内在动力。

现在很多妈妈，孩子刚刚上小学，就放弃工作、放弃社交、放弃自己的兴趣爱好，陪读、送培训班、陪写作业，24小时对孩子贴身紧逼。妈妈这样做，不仅会让孩子失去自己内在学习的动力，还会让孩子失去学习的乐趣。

另外，妈妈的职业和社会功能也是孩子了解这个世界的一个窗口。妈妈平时对工作的处理方式，人际交往中的处理方式，包括工作中的辛苦付出，都是孩子学习的良好机会和行为榜样。如果妈妈时刻围着孩子转，无疑是给孩子关上了一扇窗。

保护孩子的专注力

据说，玩具超过5件的儿童，专注力水平低于玩具不足5件的儿童。

保护好孩子的专注力，给孩子创造一个安静的学习空间，让孩子在这个空间里面安静地做自己想做的事。

不要轻易打断孩子。当孩子专注写作业时，不要命令他做其他事，等孩子需要帮助时，妈妈再参与其中。不要在孩子画画时，你在旁边看电视；不要在孩子写作业时，你在旁边玩手机；不要在孩子看书时，你却在打电话。

劳逸结合，给孩子空间

由于工作原因，曾采访一个“牛娃”的妈妈。之所以被同学们称为“牛娃”，是因为这个孩子的成绩非常优秀，并且会吟诗作赋。采访的时候，这位“牛娃”的妈妈说：“我从未给他报过任何培训班，但是每个周末都会带他去户外玩。作为一个成年人，周一到周五上班，周末如果再加班，长期这样，那就是超负荷工作，何况是一个孩子呢。”

聪明妈妈手记

学习不仅仅是孩子的事，作为妈妈，也应该让自己时刻保持学习的状态。通过读书提升自我，影响孩子。

另外，引导孩子自主学习，不仅能提高孩子的学习成绩，而且妈妈也可以轻松一些 ，做一个快乐的妈妈，这也是对孩子的一种正面影响和教育。

2 兴趣班，聪明妈妈这样报

当下，比较流行给孩子报兴趣班，但是很多妈妈给孩子报兴趣班的时候，特别容易跟风。比如，小朋友都在学舞蹈，我们也去学舞蹈；孩子的同学都在学钢琴，我们也去学钢琴；书法不错，我们也去学；绘画很热门，那我们也得去学个绘画……总之，外面流行什么，就让孩子去学什么。或者自己喜欢什么，就给孩子报什么。

2017年的时候，我们在当地做了一个关于本地家长给孩子报兴趣班的调查，结果发现，给孩子报三个以上培训兴趣班的家庭，竟占70%以上。其中钢琴、舞蹈、绘画是排名比较靠前的。难道大部分孩子都喜欢钢琴、舞蹈和绘画吗？

小美今年5岁，妈妈同时给她报了5个兴趣班：舞蹈、绘画、钢琴、书法和围棋。我问小美："这些兴趣班你最喜欢哪个？小美想了一会儿说："我也不知道，妈妈给我报的。"

我好奇地问小美妈妈："孩子这么小，干吗给她报这么多班呢？”

小美妈妈无奈地说：“我也不想给她报这么多，可是没办法啊，她的同学比我们报的还多呢。”

“孩子喜欢吗？这么多兴趣班，她不累吗？”

“累啊，我也跟着累，每天到处跑，周末也很少休息。但是长大了她应该会明白我的良苦用心。”

小美妈妈的心态，其实是普遍存在的。越来越多的年轻父母为了增加孩子未来在社会中竞争的筹码，或者看别的孩子都上兴趣班了，不想让自己的孩子输在起跑线上，于是就给孩子报各种各样的兴趣班。

那么兴趣班该不该报呢？

关于该不该给孩子报兴趣班，著名心理学家李子勋曾指出：“从孩子成长的脑发育规律来说，3岁之前太小，7岁之后大脑开始理性发展，所以4岁开始，是最有价值的年龄。”该不该给孩子报兴趣班的最终答案是肯定的。

李子勋还指出：“我个人主张有条件的家庭在孩子小的时候，给孩子提供条件接受各种信息的刺激，尤其是艺术方面，例如音乐、舞蹈、绘画、戏剧的启蒙，发展孩子对自然形体、色彩、质感的感知。”

作为妈妈，又应该如何给孩子报兴趣班呢？怎么报才合适呢？

选择孩子感兴趣的

孩子的兴趣，不是妈妈的兴趣，选择的时候一定要争取孩子的意见。妈妈也可以带孩子去不同类型的兴趣班试课，感知孩子的兴趣，再考虑报名。

选择孩子适合的

根据孩子不同的性格，来选择合适的兴趣班，是相对比较好的方式。如果孩子的性格偏内向，那么可以选择相对安静的兴趣课程，如围棋、古筝、绘画或是书法。如果孩子的性格偏活泼爱动，那么可以选择跳舞、表演、声乐、主持，等等。

考虑动静结合

所谓动静结合，就是根据孩子的性格特点，来选择一个辅助的兴趣班。比如孩子的性格喜欢安静，就可以适当选择一种让孩子动起来的兴趣班，如击剑、游泳、跆拳道等。但是如果孩子的性格是偏活泼好动的，就可以选择一些能够让孩子安静下来、坐得住的兴趣班，如书法、国学、钢琴、绘画，等等。动静结合的兴趣班可以促使孩子能够动静结合，让孩子学习既能够坐得住，也能动起来。因为这无论是对身体的健康发展，还是心理及学习习惯的培养，都有非常大的帮助。当然，无论怎样选择，前提都是以孩子的兴趣为主。

家长的专业能力和社会资源

所谓社会资源，是指孩子的上两代人是否有一定的专业基础和社会资源。因为这样可以为孩子提供相对专业的指导和帮助。比如很多明星，本身就出生于演艺世家，那么他们在选择这条路的时候，就能让孩子受到专业指导，甚至会一出道就有较好的社会资源。

很多孩子在小的时候都很喜欢表演，也许只是出于一种儿童的天性，家长没有必要主动把孩子往这条路上引导，因为你没有一定的社会资源，如果靠孩子自己去打拼，既不能保证孩子是否真正地热爱这项事业，也不能保证他在这条路上可以坚持多久。再者，那些社会资源相对丰富的，或者是有专业家庭氛围的孩子，起点本身就会高很多。

看机构的师资情况

考察好机构的资格证书、师资情况、老师的素质水平。考察时，妈妈一定要慎重。

看孩子的表现

去兴趣班的宗旨就是孩子感兴趣，感到开心和愉悦。学习是一个享受的过程，即便很辛苦，孩子依然愿意去学。如果孩子在这个过程中并不开心，甚至很少有笑容，那妈妈就要考虑孩子是不是真的不喜欢学。当然，也有一种情况，就是孩子在学习的过程中，容易有放弃的心理，这个时候，作为妈妈就要和孩子进行深入的沟通，看他是真的不喜欢，还是觉得有点辛苦，不想去学。如果是第二种情况，那妈妈就应该鼓励孩子坚持学下去，并告诉他做任何事情都不是那么容易的，只要坚持到最后，就会有很多的收获。

父母要做好表率

我们去健身，三天打鱼两天晒网，却要求孩子每节跆拳道的课都去上。我们做一件事情，想放弃就放弃，结果却要求孩子一味地坚持。这样会给孩子造成一种认知：“爸爸妈妈可以这样轻易地放弃，为什么我不能？”所以不管我们做什么，一定要给孩子做好榜样，不能自己一事无成，什么都不想去学，不想去做，不想去坚持，却一味地要求孩子学这学那，这是非常不合理的。所谓己所不欲，勿施于人，讲的就是这个道理。

最重要的还是陪伴

不管你给孩子报了多少个兴趣班，对于孩子来说，最重要的还是父母的陪伴。兴趣班只是对孩子兴趣上的一些辅助的教育，而父母的陪伴才是孩子最大的幸福。作为妈妈，我们在闲暇时间一定要多陪陪孩子，陪他一起去发现自己的爱好，并坚持这项爱好。

聪明妈妈手记

妈妈们在培养孩子兴趣爱好时，别忘了留点时间给自己，坚持自己的爱好，这本身对孩子就是一种积极的影响。同时，也要给孩子留一些空间，让孩子了解自己，发现兴趣，然后开心地告诉你：“妈妈，我想学……”

3 90分和100分有什么区别

曾有一篇标题为《家长焦虑！小学语文考90分竟是全班倒数第一！》的报道。家长李萍的孩子在一所小学读二年级。孩子告诉她，期末考试语文考了90分，数学考了96分。李萍原本觉得分数不错，问了其他学生的家长才知道，几乎全班同学的分数都在90分以上，并且有大量的100分，自家孩子的成绩在班里只能算倒数。得知这个消息，李萍有些哭笑不得，她甚至觉得自己的孩子其实并没有考好。

还有一位妈妈因为儿子月考考了90分，竟然是全班倒数第五，在网上发帖征求网友意见：要不要打孩子？

从这两个案例，我们不难看出，妈妈对孩子考90～100分的纠结。那很多妈妈就困惑了，90分和100分到底有区别吗？当然是有区别的。

但是当孩子考了90分的时候，妈妈也没有必要太惊慌，弄清楚90分和100分的区别到底在哪里？再针对这些区别和原因去想解决方案。而不是看到孩子考了90分，别人家孩子考了100分就焦虑，甚至训斥孩子为什么没有考好。妈妈这样做，不仅对孩子学习成绩的提高没有任何帮助，还会打击孩子对学习的兴趣，容易使孩子失去自信心。

90 分的孩子很努力，100 分的孩子很认真

孩子之所以能够考100分，说明这个孩子无论是在做题还是做题结束后的检查，都非常认真仔细，知识点掌握得也很不错。而那考了90分的孩子，在平时的学习过程中，知识点掌握得可能还不够扎实，肯定至少有一道题是他不会的，所以还有提升的空间。但是90分作为一个小小的门槛，说明孩子已经很棒，也很努力了。

考试只是一种检测

小学阶段的考试，只是对孩子平时学习的一种检测，和平常学习的内容相呼应，这不是选拔或者竞赛，所以孩子在90～100分有徘徊的情况，都是比较常见的。

孩子的智力因素

有的孩子成绩就是达不到100分，也不排除有智力方面的原因。孩子智力的几个基本因素——观察力、记忆力、思维力、想象力这四方面的能力往往发展不平衡。考不了满分，也许是孩子的记忆力不如其他孩子，但是并不代表孩子在其他方面不优秀。

作为妈妈，我们应该用什么样的心态看待孩子的成绩呢？

第一，成绩永远没有成长重要

妈妈在看到孩子成绩的时候，第一时间不要直接拷问孩子为什么没有拿到满分。应该先鼓励孩子：“你已经很努力了，我们一起找找原因，看哪里出错了，下次再继续加油。”如果是因为粗心大意造成的，就要引导孩子在做题的过程中，要认真仔细，做完后要多检查两遍，并且让孩子意识到，因为不认真出现的错误，要比不会严重得多。

如果是因为孩子的确不会，那可以有针对性地多做一些练习，把孩子不熟悉的知识点补上去，这样才能让孩子的成绩得到有效的提高。

第二，培养一个身心健全的孩子，远比分数重要

不管孩子是因为什么原因没有考好，都没有必要对孩子大发雷霆。

我曾经采访过一个妈妈，她的儿子小学还没有毕业，已经产生了严重的厌学心理。他脾气暴躁、不愿意交朋友、不愿意去学校，讨厌老师，甚至憎恨妈妈，性格出现了严重的问题。

这位妈妈回忆说：“曾经有一次孩子考试没有考好，老师给我打电话，说你家孩子最近不知道为什么，每天都不看黑板，我不知道他在干什么，这次考试也非常不理想。”这位妈妈接着说：“我当时感觉自尊心像是受到了伤害，等孩子刚回到家就对他大声呵斥，吼他为什么不好好听讲？为什么不看黑板，你到底在想什么，才考了这可怜的分数！孩子非常惊慌，哭了起来，我一怒之下把他推到门外，并告诉他我没有你这样的孩子。”她说：“后来我才知道，孩子的视力下降得严重，根本看不清黑板。但是这件事之后，孩子对学习失去了兴趣，并逐渐开始排斥上学。”

这位妈妈哭诉道：“我至今都记得当时孩子绝望的眼神和门外撕心裂肺的哭声。如果一切可以重来，我一定不会那么对他。”

第三，不要用分数来固化孩子

在考数学的时候，老师不仅看答案，还会看你的整个计算过程。如果计算过程都对，却在后面的某一个环节出了差错，导致答案错误，老师多少还是会给分的。我记得我甚至有过答案错得一塌糊涂，还被老师加分的经历。

那次我拿到考卷时，看到很多题明明算错了，竟然还是全班第一，老师还在考卷上特别注明加分。

我觉得很诡异，赶紧去问老师，结果老师眼睛发亮地看着我说，“我教数学这么多年，第一次看到有人这么有创意地解题，你完全不用上课的公式，而是自己找到方法解题，虽然说答案算错了，但是老师太高兴了，所以给你大大地加分！”

因为老师的这一句话，更因为老师这种不死板的教育，对我的影响非常大，从此我就爱上了数学。妈妈们，也可以学习下我的这位老师，不要单纯地只看最后的分数。

第四，放松心态，孩子的路长着呢

很多妈妈过分在意孩子分数的原因主要有两个：一是认为孩子成绩好，以后就能上好大学，就会有份好工作，好前途；二是认为，分数低，成绩差，考不上大学或者考个差大学，然后找份差工作，看不到前途。

爱因斯坦6岁才会说话，10岁才会写字，你能说他是差生吗？俞敏洪高考考了三年，第一次英语只考了33分，但后来他开了一家人人皆知的英语培训学校；马云高考也考了三年，第一次数学考了1分，第二次考了19分，第三次才考了79分，你能说他不优秀吗？

当然了，并不是说分数高低，就能说明孩子是否有前途，但是我们必须要知道，孩子之间都是有差异的，成长也是有无限可能性的，妈妈们千万不要用自己的主观判断来影响孩子以后的路。

聪明妈妈手记

孩子的成长包括很多方面，我们应该做的是：正确看待成绩，多鼓励孩子再接再厉，为孩子持续地成长做好准备。人生是一场马拉松，保持坚定的信心和不懈的努力，这才是我们应该传递给孩子的宝贵信念。

4 陪娃写作业，你也可以很轻松

关于陪孩子写作业，网上流行一个段子，是这样说的：不写作业，母慈子孝，连搂带抱；一写作业，鸡飞狗跳，呜嗷喊叫，让老人血压升高，让邻居不能睡觉。

其实在现实生活中，很多妈妈也有过类似的抱怨：

“我家孩子写作业从来都不好好写，除非盯着他写。”

“我家孩子只要一写作业，一会儿挠挠这里，一会儿动动那里，根本就坐不下来。”

“我家孩子也一样，写个作业还非得满足他看一会儿电视才行。”

“因为写作业，我跟我儿子吵了好几架了，孩子他爸气得要动手打他。”

……

也许是因为现在孩子的学习压力太大，所以陪孩子写作业成了妈妈们最头疼的事情。作为孩子，那么多的作业要做，实属不易。而作为妈妈，一天劳累之后，孩子的学习又不能不管。那妈妈怎么做，才能让孩子写作业这件事变得轻松一些呢？

不要盯着孩子写作业

孩子写作业，你在旁边监督着，题做错了，赶紧纠正；字写歪了，埋怨责怪孩子总是改不掉这个毛病。这样容易给孩子造成紧张焦虑的气氛，孩子又怎么能好好写作业呢？

作业是需要孩子独立完成的，孩子到家之后，可以问他的家庭作业有多少，然后让他自己去完成，你做饭或者是忙其他的。在这段时间时，不要制造太多的噪音，不要轻易打扰孩子，给孩子营造一种安静的学习氛围。

让孩子自己先检查

孩子刚完成作业，你一把拿过本子："这里怎么又错了？你那里为什么还是不小心？这个地方怎么能这样做呢？"我想孩子这个时候大脑里应该都是你责怪的话语，根本就意识不到自己到底错在了哪儿，哪里应该改正。

孩子写完作业，应该第一时间让孩子先自查，有什么不会的，可以及时问你，引导孩子如何解答这个问题，然后再帮孩子检查一遍，看看孩子的做题思路，等等。

享受这种亲子时光

其实陪孩子写作业，也可以变成很美好的亲子时光。

我小的时候，写作业挺慢的。因为我的姐姐也在读小学，年级比我高，她写作业特别快。每次看到她先写完，我就着急，越着急越容易出错。后来我爸爸就陪着我慢慢写，他看书，我写作业。记得有一次冬天的时候，天很冷，爸爸就拿个炉子给我取暖，屋里很暖和，灯光下，爸爸认真地看书，我默默地写作业，这个画面至今回忆起来都很温暖。

爸爸妈妈认真地做自己的事情，不打扰孩子，让孩子感受到彼此都很认真地做事，对孩子也是一种好的教育和影响。

和孩子约定好时间

孩子放学回家，和孩子商量一下，你是想先写作业，还是想先休息一下？如果说孩子想玩一会儿，那就和他约定好玩的时间，玩后再去写作业。如果玩的时间到了，孩子能自觉去写作业那是很好的。如果孩子不自觉，妈妈可以提醒并终止孩子看电视或者玩游戏，告诉他：一定要学会遵守约定。如果孩子依然不写，磨磨蹭蹭耽误写作业，那可以和老师商量好，给孩子一些惩罚，让孩子意识到后果的严重性。这样以后孩子回家自然就会乖乖写作业了。

保证休息时间

听一个妈妈说，她家孩子上小学二年级，作业已经要写到晚上11点了。我不知道是孩子写作业的速度太慢，还是因为其他原因。但是不管什么原因，一定要保证孩子的睡眠时间。孩子休息不好，不仅影响身体发育，还影响智力发育。长此以往，作业写得再多成绩也是无法提升的。

清理孩子的书桌，让孩子远离干扰

我们设想一下，你在工作的时候，旁边放了一盘水果，或者是一些自己心爱的小玩物，那你还能专心工作吗？这些都是影响注意力的因素。所以家长在孩子写作业的时候，检查一下书桌上有什么东西？是否有干扰孩子写作业的小玩物，如果有，那就和孩子商量一下，先暂时收起来。而且，妈妈也不要给孩子一会儿送水一会儿送水果。专注力不是与生俱来的，而是后期培养出来的，孩子的控制能力有限，家长一定要帮助其保护好，这样才能让孩子高效地完成作业。

帮助孩子回忆白天学习的内容

放学后接孩子，可以引导孩子当个小老师，给自己讲一讲白天学习的内容，妈妈充当学生。孩子在讲的过程中，不仅可以回忆自己白天学习的内容，还可以加强巩固和记忆。如果孩子能够清晰地讲出来，就说明孩子已经很好地掌握了白天所学的内容，如果讲得很模糊，或者是表示没有听懂，那妈妈这个时候就要相应地引导一下。通过这种方式，把白天学习的内容都温习一遍，那在写作业的时候，当然会高效很多。

保证孩子的玩耍时间

重视孩子家庭作业的同时，也要注重孩子的玩耍时间。玩耍是孩子的天性，再怎么热爱学习的孩子也是爱玩儿的。有时候玩耍甚至是孩子学习之后的一个盼头，想着我只要好好完成作业就可以玩耍了。作为妈妈，要让孩子明白，学习与玩耍是劳逸结合的事情。让孩子身心都得到真正的放松，在第二天学习的时候才能元气满满。

聪明妈妈手记

孩子的行为习惯很大一部分是受父母的影响和后天的教育。把孩子的习惯培养好，妈妈会省心很多。另外，写作业只是对当天学习的巩固，不能为了完成作业而去写，让孩子学会活学活用，锻炼孩子的思维能力才是最重要的。

5 敢于让孩子输在起跑线上

提出这个观点，可能会让很多妈妈产生质疑："现在学习竞争压力这么大，社会生存压力这么大，谁敢让自己的孩子轻易输在起跑线上呢？"

也有很多家长，从怀孕那天起，就开始对孩子进行胎教；等孩子刚刚学会爬，又开始拼早教；还没读幼儿园，又倾其所有，拼学区房。总之，从孩子出生的那一天起，就尽其所能，拼光各种资源用在孩子身上。难道这就是我们认为的起跑线吗？这种所谓的"赢在起跑线"，说白了就是在人生的马拉松长跑中，让孩子站在跑道的前面而已，有利于在一声令下万人齐跑的时候，方便"抢跑"，但是却忽略了孩子跑的意义和兴趣，以及跑的过程中需要的心态、体力、耐力等因素。

近年，一档很火的综艺节目在上海某中学做了一项很有温度的调查游戏，操场上画了6道起跑线，游戏的规则是一共有6个问题。每一个问题，如果你的答案是肯定的，可以往前走6步，到下一根起跑线上。

这六个问题分别是：

（1）你的父母都接受过大学以上的教育吗？

（2）父母是否为你请过一对一的家教？

（3）父母是否让你持续学习功课以外的一门特长且目前还保持一定水准？

（4）是否有过一次出国旅行的经历？

（5）父母是否承诺过送你出国留学？

（6）父母是否一直视你为骄傲，并在亲友面前炫耀你？

6个问题结束之后，现场的学生们已经站成了“立”字形，梯队明显。有人一路领先，有人却停留原地。然而这些领先的孩子们，他们之所以站在前面，靠的是父母创造的优势。节目组随后宣布，按照现在的距离，请同学们奔跑至体育馆，只有前20名才能获得奖品。事实证明，很多跑进前20名的同学，并不是起跑线最前面的那几个，而他们用自己的努力，超越了对手！

这个调查游戏让所有人落泪，现场节目组的人告诉学生们：“其实我们老有一句词，说一定要赢在起跑线上，凡是赢在起跑线上的，都是短跑。人生，绝对不是场百米赛，而一定是场马拉松，是个长跑。这世界上从来没有一个马拉松冠军，是赢在起跑线上的。前面那6步，在漫长的人生道路上，其实就是最短最短的一毫米。”

很多妈妈也会有这样的担心，起跑输了，终点自然会落后。如果是短距离赛跑，这个道理是说得通的，但是如果是长距离赛跑，则恰恰相反。

曾有一位在美国任教的大学教授这样评价“让孩子赢在起跑线上”的观点：“在影响孩子终身发展的核心素质尚处于幼芽状态，需要精心呵护、耐心培养时，如果过早、过度地“授之以鱼”“式填鸭”，使得这些核心素质不但得不到培育，反而遭到绑架、曲扭、伤害，那么这些核心素质在终身发展中需要核裂变时，已后继乏力……”

看到这里，你认为，妈妈们在孩子的早期教育中，就这样可以高枕无忧了吗？其实不是的，那什么才是孩子真正的“起跑线”呢？

孩子真正的起跑线是父母

你希望孩子身上有哪些闪光点，最好的方式就是自己往这个方向努力。但是大多数妈妈想的却是：我身上没有的，我希望孩子能够拥有。孩子从出生开始，第一任老师就是父母，受到的绝大多数影响也来自父母。所以，有一句话说得非常好，“妈妈好好学习，孩子天天向上”。作为父母，只有自己努力向上，孩子才能受到好的影响，在人生这条跑道上，才能有个良好的起跑线。

爱和陪伴

从孩子出生起，父母的爱和陪伴对于孩子来说是最重要的，在满足这些基本的需求后，孩子才能获得足够的安全感去应对外界。一个没有爱和安全感的孩子，从心理上是有缺失的。有很多妈妈认为，我们努力工作，努力赚钱，一切都是为了孩子；我们这么拼命是为了给孩子创造一个良好的环境和条件。可孩子真正需要的却是陪伴，所以不管有多忙，每天都能抽出一点点的时间来陪伴孩子，对孩子的身心发展都是非常重要的。

良好的行为习惯

良好的行为习惯，是孩子成长的起步。对孩子来说，是受益终身的，对孩子以后的成功也起着决定性作用。所以从小应该注重对孩子行为习惯的培养，而不是知识的大量堆积。

思维能力，学习能力

短期和早期的“填鸭式”教育，对孩子的思维能力和学习能力并没有特别大的帮助。过早地干预，反倒阻碍孩子的兴趣和创造力。“早学”“多学”并不等于“早慧”。这样过早、过度地开发、透支孩子，日夜超负荷运转，使得孩子在莫名的厌倦和恐惧中倒在了自己潜在兴趣的起跑线上，让孩子失去了学习的兴趣和创造性的思维能力。

学习是一场马拉松

学习是一场马拉松。有的人赢在起点，有的人胜任半马，有的人后来居上，有的人跌宕起伏，有的人突然超越，有的人始终领先，有的人坚持到最后，每一个孩子都会跑出不同的风景。不管孩子的体能如何、耐力如何、速度如何，也不管赛道如何、天气如何、对手如何，最关键的还是在于孩子自己是不是为了跑完全程而全力以赴、心无旁骛。

聪明妈妈手记

学习是一个漫长的过程，作为妈妈，我们要培养孩子长期努力和吃苦耐劳的精神。起点固然重要，但是，坚持下来的人才会收获颇丰。教会孩子跑出自己的风景，才是教育之本质的动力和需要。

6 每个孩子都是潜在的天才

国内一位著名的导演，在一次采访的时候说："其实每个人都是天生的演员，只是需要被挖掘而已。"

今天我想说的，其实每个孩子都是潜在的天才。很多妈妈可能会说："我的孩子学习成绩太一般了，他和天才差得远呢。""我的孩子胆小、怕事，以后怎么能成大事。""我的孩子话太少了，我真担心他以后有交流障碍。"……

硕硕是个少言寡语的孩子，上幼儿园的时候，妈妈一直觉得他不爱交流，所以就带他去做了各项检查，但结果显示，硕硕一切正常。后来硕硕上小学的时候，妈妈和老师发现，这个孩子在数学上有非常好的悟性。于是，妈妈开始对硕硕在数学方面进行有针对性的培养，硕硕在读小学五年级的时候，就已经学完高中的数学，并已经开始接触高等数学了。

潇潇是一位知名作家，因为学习成绩不好，初中的时候，家里便让她辍学在家干农活，潇潇不甘心，16岁便离开家出去打工。潇潇平时喜欢写写小文章，记录自己的心情，打工的那段时间，不管多忙，她都会抽空写下去，以此来鼓励自己。如今，潇潇已经出版了三十多本书了，是一位非常受欢迎的作家。

美国哈佛大学著名教育学家霍华德·加德纳（Howard Gardner）提出过多元智能教育理论。这一理论将人的智能分为八个方面，即语言智能、音乐智能、数学逻辑智能、空间智能、肢体运动智能、内省智能、人际关系智能和自然观察者智能。

在传统意义上，一个孩子在学校能够取得比较高的分数，我们就说这个孩子聪明，主要看的就是孩子语文和数理逻辑方面的发展。但是，如果现在我们还仅仅以这两种智能来评判一个孩子，那就太片面了。

孩子如果对音乐敏感，说明他音乐智能发展得比较好；孩子的肢体协调能力好，爱好跳舞，说明他肢体运动智能发展得比较好；孩子善于交际，与小朋友相处融洽，说明人际交往智能发展得比较好；孩子善于发现问题、思考问题，说明他自然观察智能发展得比较好。

加德纳还说：“每一个孩子都是潜在的天才，只是表现的方式不同，爸爸妈妈要充分了解到孩子的智能优势，才能有针对性地将孩子培养成一个富有个性的、适合未来发展需要的人。”

被称为棒球之神的贝比·鲁斯，20世纪20–30年代曾效力于美国的纽约洋基，司职野手，率领洋基取得四次世界大赛冠军。曾经在波士顿红袜取得三次世界大赛冠军，是美国棒球史上最有名的球员，没有之一。

但是不为人知的是，贝比·鲁斯出生于马里兰州的巴尔地摩市，因家境不好，无人管教的贝比·鲁斯染上了各种恶习，如偷东西、打架等，求学时期，他被退学5次，直到第6次入学时遇到一个有爱心的老师马夏斯（Matthias）之后，才真正改变了他的一生。马夏斯用爱心感化了贝比·鲁斯，使他终于下定决心改掉过去所有的恶习。马夏斯激发了贝比·鲁斯在棒球方面的天赋，使他从一个小混混，转变成一个酷爱棒球的热血少年。

唐朝诗人韩愈在《马说》里提到："千里马常有，而伯乐不常有。"意思就是说，这个世界不缺少天才，而是缺少发现天才的人。每个孩子都是天才，但是每个孩子都需要一颗关注的心和一双发现的眼睛去关注他们、发现他们。但是，发现了孩子的天赋、特长，是不是就能真正成为天才呢？

2016年3月，成都女孩许智美被全美排名第一、有着"中学中的哈佛"之称的菲利普斯·安多弗（Phillips Academy Andover）高中录取。

我们可以先看一下她的简历：

全成都最好的中学连续几次全年级第一名。

小学三年级参加了CCTV"希望英语"演讲和风采大赛，获得四川省小学组冠军，全国第五名以及最佳语音奖。

英语、数学均拿过华赛、奥赛第一名。

钢琴连续六次获得成都市优秀艺术人才钢琴组一等奖，三次获得十佳。

并且在芭蕾舞、二胡、游泳、骑马、跳高、滑冰上也有特长。

我们再来看下许智美是如何努力的：

许智美初中后每天平均睡四五个小时，白天偶尔打会儿盹儿，一般是十几到二十分钟。她每天的课外辅导，有时长达十几个小时。英语平时基本自学，看原版书、杂志。数学课的时间相当多，甚至有些课来不及上，就录了视频回家看，经常要学习到半夜两三点。

如此多才多艺，又能做到如此程度的“学霸”，绝不是靠“天资聪明”就能达到的。那些被我们熟知的天才，往往都是拥有了1%的天赋，加上99%的努力，才能取得非凡的成就。

每个孩子都是独一无二的，与生俱来有他自己独特的生命气质。所以在教养过程中，妈妈一定要认识到这一点，不能一味地以自己认为的方式去要求孩子。“上名校、拿第一”是每个父母对孩子的期望，但是并不是适合每个孩子。

举个我身边的例子，刚刚是个顽皮的孩子，一刻也闲不住，每天登高爬低，做作业也不专心，成绩平平。而他的同学小阳却乖巧听话，成绩也不错。有一次开家长会，老师让家长分析孩子们考试出错的原因，刚刚因为考得很差，被妈妈一顿痛骂："你每天都在干什么，考全班倒数第一，你连考试都考不好，还能做什么！你看人家小阳，考全班第一，又懂事。我怎么生了你这样一个儿子！"

一个刚上一年级的孩子，一切都还没有定性，因为考试成绩不理想，就被妈妈当众羞辱成这样，可以想象刚刚会觉得自己有多么差劲。

作为妈妈，因材施教、扬长避短才是让孩子走向成功的关键。

了解自己的孩子

每个孩子都有自己的长项，妈妈们应该挖掘他们的长项并加以鼓励和培养。相对于学校，每天和孩子相处在一起的妈妈最容易注意到这些。

鼓励孩子把喜欢的事情做到极致

发现孩子的兴趣和特长，并且帮助孩子去坚持这项兴趣。喜欢的事情才能最拿手，把最拿手的事情做到极致，做到这些，你还用担心孩子在将来没有一技之长吗？

不要过早开发孩子智力

如果孩子比较早慧，对数字或者其他比较敏感，妈妈可以根据实际情况来引导和培养。但是如果孩子没有出现这些现象，也不必过早认字、背书、学数学等，这样会在一定程度上限制孩子的创造力，不利于智力发育。当然，你可以与孩子一起读绘本、唱儿歌，让孩子接触一些有趣的新鲜事物，这样可以锻炼孩子的语言能力，有助于孩子的智力发展。

聪明妈妈手记

爱因斯坦曾经说过："每个人都是天才。但如果你用爬树能力来断定一条鱼有多少才干，那它的整个人生都会相信自己愚蠢不堪。"所以，作为妈妈，我们有义务去守护我们的孩子，观察和发掘孩子的兴趣与特质，帮助孩子走一条适合自己的路。

7 该让孩子接触电子产品吗

女儿刚学会伸手要东西的时候，每次看到手机，小眼神就发光，还会伸手去抢手机，你不给她还不行，“哼哼哼”地闹。后来我看她想要手机的时候，就把手机关机或者将屏幕调暗，再放到她旁边让她玩。小家伙学着大人的手势，像模像样地摆弄着手机，好奇得很。过了一段时间，女儿看到手机，不再像之前那么好奇了，偶尔还会放到我手里，让我给她放歌听。直到现在，女儿基本没有出现抱着手机不撒手的情况。因为对她来说，手机只是个玩具，或者听歌的工具。

之所以举这个例子，并不是说孩子应该从小就接触电子产品。我只是想让女儿知道，手机并不是什么特殊物品，她也可以像对待家里其他物品一样，去摸一下，研究一下，感受一下。

随着社会的发展，大量的电子产品涌现在市场上，并出现在我们的家里。而当越来越多的人沉迷于电子产品的时候，也有一个问题让妈妈们内心焦虑：到底该不该让孩子接触电子产品？接触电子产品会影响孩子学习，或者影响孩子的智力发育、视力、人际交往能力吗？我们又该如何更好地让孩子合理利用电子产品呢？

电子产品不是洪水猛兽

首先，妈妈们要认识到，电子产品并非洪水猛兽。如果孩子沉迷在电子产品里，那么我们首先应该反思的是，家庭教育是否缺位。身为与孩子朝夕相处的父母，在孩子的成长过程中，不能只关注孩子的物质、学习成绩等层面，对孩子的精神世界、人格、品行等层面都要给予重视。平时多带孩子出去户外活动，多和小伙伴一起玩耍。对于年幼的孩子，其心理成长需要爸爸妈妈的陪伴和亲情的滋养，只有内心世界丰富了，孩子的世界才能是丰富多彩的，这样他自然不会沉迷于电子产品的虚拟世界里。

全面革新的教育体系

“不管你喜欢与否，电子产品将全面革新教育体系。”美国乔治·卢卡斯教育基金会的创办人乔治·卢卡斯一句话点破了互联网技术为教育带来的新机遇。

目前不少公立学校已经借助电子产品，实现智能化的网络作业。我9岁大的外甥女，读小学三年级，电话手表、平板电脑，已是上学的标配，她们的家庭作业大部分通过平板电脑进行。除此之外，她每天要用平板电脑或者手机在线学习英语、听名师讲课、作业答疑、与老外对话、与同学互动等，学习效率非常高。

不禁止、不放纵

心理学上有一个非常经典的禁止测试，妈妈们不妨试试看：面对你的测试对象，告诉他：“不要想一头红色大象，红色的，大象，不要想。”

多次重复后你会发现，所有的被试者都在想什么？对，他们都在想那头红色大象，无一例外。那么对于孩子来说，禁止就如同诱惑。父母刻意回避电子产品，或者强行限制孩子使用电子产品，都不是长久之计，这样反而会让孩子更好奇，甚至产生逆反心理，这种被压制的欲望会逐渐膨胀，等到有一天你不能时刻监督孩子的时候，这种膨胀的欲望就会变得一发不可收拾。所以，作为妈妈，对待电子产品，绝非严厉禁止，但也不能彻底放纵。

锻炼孩子的自我管理能力

美国和加拿大两国的儿科协会就曾指出，3～5岁幼童接触电子产品的时间，每天不应超过1小时；6～18岁青少年接触电子产品的时间，每天不应超过2小时。

和孩子一起商定每天接触电子产品的时间。比如，不超过1小时，时间到了，提醒孩子自觉遵守约定，并鼓励孩子：“你真棒，自己就放下手机做别的了。”

家长自我约束

不要一边禁止孩子接触电子产品，一边自己却沉迷于其中。

现在很多的爸爸妈妈，只要一有空，就拿着手机玩个不停，有很多爸爸甚至当着孩子的面打游戏，这怎么能不吸引孩子沉迷在电子产品里面呢。

聪明妈妈手记

要想管好孩子，首先应该约束的是我们自己，电子产品并不可怕，可怕的是我们对孩子缺失的陪伴和自我形象管理的不足。所以，从今天起，让我们和孩子一起，合理利用电子产品吧。

8 该让孩子挤名校吗

印度有一部择校神剧《起跑线》，故事说的是印度的一对夫妻，服装商人拉吉和妻子米图。为了让女儿上名牌学校，他们不仅临时买学区房，住到富人区，还请招生顾问做一系列的准备，结果报名时却被拒绝，原因是名校不招暴发户的孩子。后来因为走后门不可行，又意外得知德里文法学院有25%的名额给贫困家庭，他们便住进贫民窟，为女儿骗取了名校名额。最后被善良的穷人邻居感动而醒悟，放弃了名校。

《起跑线》这部电影描述了几乎所有家长的纠结：要不要让娃“挤”名校？

豆豆今年6岁，马上要读小学了。豆豆妈妈想让豆豆读本市有名的一所民办学校，于是，择校、报名、面试、幼小衔接培训、学区，等等，成了豆豆妈妈生活中的关键词，一颗心每时每刻都在悬着。

其实像豆豆妈妈这样的情况也有不少，为了孩子能够读上名校，拼尽自己所有的资源，带孩子去报名、面试、提前培训，等等。

那究竟该不该让孩子去“挤”名校呢，我想有几个问题是妈妈们应该首先要考虑清楚的。

名校好在哪里

不可否认，名校的确集中了更多的、更有经验的优秀教师和学生，但是不要忽略一点，名校的背后更多的是一群较高素质、较强经济实力、更愿意在教育上投资的家长。决定一个学校最终成绩的是生源，所以说，民办校的教育质量高，不仅是因为有一群好的名师，而且有一群愿意无条件支持孩子教育的家长。所以，如果可以进名校，固然是好事，但是没进名校，也用不着过于沮丧，因为只要你和孩子足够努力，也一样优秀。

家庭的经济状况

为孩子选择名校，还有一点是必须要考虑的，即家庭的经济状况。这个很现实，但是逃避不了。名校不一定在家门口，为了节省孩子的时间，只能选择买房或者是租房，这都是一笔不小的开支，否则就要面临每天把大量的时间消耗在路上的情况。所以评估家庭开支情况是非常有必要的，否则不仅累了大人，还苦了孩子。

办学理念和特色

每个学校都有自己的办学理念，我认为这个非常重要。不能只盯着素质教育，真正的以学生发展为本也非常重要。

另外，还必须要清楚，学校的办学特色是否适合自己的孩子。并不是最好的学校就适合自己家的孩子，比如有的学校重视双语，有的学校重视综合素质，有的学校重视体育，有的学校注重艺术培养，有的学校重视成绩。需要根据孩子自身的特点来评估、选择。如果考虑孩子以后走出国留学这条路，选择学校也要评估这方面的因素。

教育的意义和价值

小学教育的意义和价值在于培养孩子的阅读、自学、体育锻炼、人际社群交流的能力，以及发现人文、科技、体育某领域潜在的特质，绝非“填鸭式”的知识灌输。作为妈妈，应把重心放在孩子的学习习惯培养上，让孩子保持生命的活力、学习能力和面对未知世界的探索能力，甚至是让孩子能够幸福的感知能力，而不要过早地把孩子推入繁重的学习中去。

不可忽视的心理素质

名校采取的是掐尖式招考选拔，生源通常要好一些，但是再好的名校里面仍然会有“凤尾”。如果让孩子选择进名校，那孩子是否具有强大的自信心和抗压能力来面对？

有句话很经典，“当你挤破头挤进华丽的圈子，却发现那个圈子容不下你”。 而一些昂贵名校，普通家庭更要慎重考虑。在

《起跑线》这部电影里，洛达是德里文法学院的校长。小时候幸运进了名校，因为出身低微，在名校受尽冷遇，从而养成了通过报复而泄愤的黑暗性格。

霞子和丈夫都是普通的公司员工，女儿也争气，面试上了一所价格不菲的名校。这里所说的价格不菲并不一定是指学费，而是孩子在学校里的读书成本。

女儿班里有40多个孩子，其中有一部分在学马术（学校的兴趣班），还有一部分报了高尔夫培训，另外一部分也是德智体美劳全面发展，仅这些费用，远远不是霞子这个普通家庭所能承受的。

有时候，学校组织旅游或出国游学，霞子的女儿大多数时候都不能去，因为父母给不起这个动辄几万元的费用。结果女儿不仅受到排挤，性格也变得很自卑。

记住，我们的孩子只是6～12岁的小学生，即使上了名校，让他们面对这些问题，究竟是悲还是喜？

聪明妈妈手记

名校被热捧的现象既然存在，就有存在的道理。但是名校既有很多好的地方，也有负面的影响，这些都是家长要综合考虑和评估的。不能不顾及孩子的情况和意愿，让孩子上培训班，拼尽所有去挤名校，这样实际上会对孩子造成很大的压力。

9　怎样的家庭教育易出学霸

由于工作关系，这些年我采访过一些高考状元，发现他们的家庭教育方式有很多相似之处。那么这些家庭是如何教育孩子的？这些状元都有什么特点？学霸又都是如何养成的呢？

善于思考

这一条非常重要。这些学霸们，理科生往往喜欢逻辑和推理，文科生往往喜欢阅读，善于表达。比如，做完一道题后，要对答案有一个反思的过程，要弄清这道题考的是什么，用了哪些方法，为什么用这样的方法，怎样才能达到举一反三、触类旁通的效果。

曾有一位考700多分的状元，分析自己独到的学习“秘籍”：他摒弃题海战术后，最关键的就是“榨干”每一道题目，要善于思考和总结。他说，通过思考才能把知识的共性找出来，并灵活运用，甚至变为自己的思维模式。而且，经常总结提炼能把知识网络化，帮助自己站在更高的层次上思考问题。这位状元的另一个特点就是自律，他会根据不同的复习阶段制定不同的学习安排，一个月左右就会重新规划时间安排表。爱思考的他，平时还喜欢和志趣相同的同学进行一些思辨性的探讨。

孩子的思考能力是源于父母在年幼时的启发。比如，有一位状元的妈妈说："如果有一个场景，我就尽可能带孩子去体验，让孩子有感而发，而不是胡编乱造。"

自由、宽松的教育方式

我曾经采访过一个理科状元，这位状元在分享如何获得高分时，他总结了一句："感谢爸爸妈妈对我管得不算多。"

这位状元还说，爸妈对他学习管教这方面是属于放手型的，很少刻意追求分数、名次，也从来不反对他玩游戏。

在问到这位状元的妈妈时，她说："玩游戏这方面，我并没有担心，孩子只是在周末玩一下，每次玩游戏一两个小时就自觉不再玩，平时用的手机也是一部老人机。"

这位状元的父亲是企业的管理人员，母亲做财务工作，父母对其采取"自由、宽松"的教育方式，这一点也让他能够有很大的自由空间去选择自己喜欢做的事，培养自主能力。

其实很多学霸的背后并不是我们想象的那样：有一群举着鞭子的虎妈狼爸，随时鞭策着孩子的学习。其实父母对他们多半是宽松、信任的，并像朋友一样相处。

爱学习，也爱生活

生活中并非只有学习，烦了就画画，累了就听歌，压力大就去跑步……几乎每个状元都有自己的小爱好。学习是一场长跑运动，只有劳逸结合，才能真正做到享受学习。无论是体能、情感、思维还是意志，它们都是有限的。而劳逸结合是实现高效的基础。

父母以身作则

每个孩子都不喜欢唠叨的父母，而言传身教是最有效的教育方式。很多学霸在学习过程中也会累，也会有想放弃的时候，但是看到父母都在看书学习或者工作，他们自然会继续坚持到底。

多读书

有这么一位学霸，平时手不释卷，每天至少读书两小时，不到四年已经读完824本书。而伴随着他的还有三个“本”，“每日计划本”被无数个红色小对钩儿占领，像一张满分试卷，做完一件事就打个钩儿是他每天最有成就感的事情之一。“每月计划本”则像个日历，小方格里写着他的月安排，这位学霸表示自己手写日历，是合理安排时间的法宝。2011年29本书，2012年212本书，2013年270本书，2014年274本……读了什么书、读到了哪里，所有的读书记录都在他的“读书记录本”里一目了然。

小时候看世界名著，大了读大家经典，这是许多状元在采访中提到的阅读之路。北京一位文科学霸在采访中说道：“读书多了，就会培养出语感。”

读书是一个从量变到质变的过程。只有通过大量的阅读积累，才能提高单位阅读量和高效的阅读理解能力。如今高考改革后，更加重视阅读基础。所以，多读书，显得尤为重要。

作息规律，热爱运动

这些高考学霸几乎都表示自己从不熬夜，哪怕是高考备考期间，也要保证睡眠。

另外，爱运动几乎是所有学霸的爱好，把一部分时间花在体育运动上并没有造成学习成绩下降，他们用自己的成绩证明体育与文化学习并不矛盾。

曾有一位理科状元，在学校是出了名的“跑步健将”，这位学生的母亲在接受媒体采访时表示，儿子在高考前一天还在跑步，本来想劝儿子考前就别跑了，但看到他对跑步的坚持和执着，还是选择了支持。

另外一位高考理科状元，平时在学校几乎不放过任何一项自己能参加的文体活动，尤其是打羽毛球，高一的时候，她还参加了学校的羽毛球社。

一位大学教授曾表示：“在目前的教育观念里，家长、老师和学生都把高考归结于文化学习的竞争，却忽视了体育运动。然而，在10个小时的文化学习时间中抽出1个小时用于体育运动，激活身体，让血液流得更快，精神更加饱满，学习效率反而更高。这就是人们常常挂在嘴边的‘1+1＞2’的道理。从这个角度来说，运动促进了高考状元的产生。而那些不参加体育运动的学生，学习容易遇到‘瓶颈’，也就是如果不开发身体机能，智力发展容易产生‘天花板效应’。一个人智力发展最迅速的时期是在6～16岁这个阶段，在这个时期经常运动，有助于智力发展。体育活动还常常涉及选择、计划和解决问题等思维活动。因此，可以说运动促进了大脑的发展。”

会放手

采访中，几乎所有的学霸家长都提到了自律、独立，自己的事情自己做，从小培养孩子的独立性。一名清华学霸在采访中说：“是爸妈的尊重与放手让我学会了遇事不逃，主动思考。”

这些比分数更重要

曾有一位妈妈说：“只要孩子是善良的，能分辨是非，她的道路无论怎么选择，我都绝对支持！”这句话几乎代表了大部分爸妈们的心声。比起分数，爸妈更看重的是孩子的安全、健康、快乐、幸福感……

聪明妈妈手记

无论孩子是不是学霸，只要拥有健全的人格，完整的自我，那么孩子就是优秀的。而作为妈妈，我们所有的努力都不过是为了让孩子拥有幸福感，以及拥有获得幸福的能力，仅此而已。

10 这样做，让孩子爱上阅读

几年前，我们举办了一场少儿故事大赛的活动，家长们都积极给孩子报名。比赛的时候，有的小朋友本来是很积极地上台，但是到了台上，小嘴巴张了张，故事全忘了，一只小手攥着另一只小手，紧张得不知道怎么办才好，看着既心疼又可爱；有的小朋友表现得会好一些，能逻辑清晰地把故事叙述出来；而有的小朋友则是全家一起上台，爸爸妈妈扮各种角色，帮助孩子把故事生动有趣地演绎下来。

这次活动结束后，我的感触非常深。虽然孩子们的性格有内向和外向之分，但是通过这场故事大赛，孩子们平时的阅读积累和家长对孩子的阅读重视程度，几乎可以一目了然。

3～6岁是儿童成长的关键时期，这时候儿童对自我和世界的好奇心最强烈。对于这个阶段的孩子来说，学习的知识是终身受用的。值得高兴的是，现在越来越多的家长已经开始重视孩子的阅读培养，包括我身边也有不少这样的例子，孩子们的表达能力，思考能力都很厉害。

那阅读到底有哪些好处？妈妈应该如何培养孩子成为阅读小达人呢？

培养专注力

所谓专注力，就是我们常说的注意力，对孩子来说，是指他们能把视觉、听觉、触觉等感官集中在某一事物上，达到认识该事物的目的。专注力是一切学习的开始，是孩子最基本的适应环境的能力。从小培养孩子的专注力，不仅有助于孩子养成良好的学习习惯，而且可以让孩子长大后成为一个专注的人。我们都知道，一堂课45分钟，如果一个孩子的专注力不够，是很难完整地将一堂课全神贯注地坚持下来，久而久之，成绩自然会受影响。培养孩子的专注力，我比较推荐阅读，也许最开始孩子只能看十多分钟，只要每天坚持阅读，孩子的阅读时间就会逐渐延长，注意力也会越来越集中。

了解“真实”与“虚构”之间的区别

有资料显示，纽约市政府对虚构与非虚构读物的比例要求是3：7。所以在国外分级阅读书籍中，小学三年级以上非虚构类文章要占到50%，年级越高，非虚构类阅读要求越高。虚构的图书，能有效地激发孩子的想象力，而非虚构的书籍可以帮助孩子构建真实的世界观。

培养亲子关系

每天陪孩子读一本书，哪怕花二十分钟的时间，通过声音的传递，语言的表达，和孩子之间的互动，陪伴孩子一起进入读书的氛围，无形之中便促进了亲子关系。亲子间的接触和语言的交流是任何动画片都无法比拟的，这种交流也是一个家庭最大的财富。

培养早期的读写能力

语文，从某个视角来看，既不是政治课，也不是工具课，更像是一门审美课。通过阅读可以告诉孩子，你的母语是多么美，你能通过母语汲取到哪些优秀、灿烂的文化。我们站立在960万平方公里的广袤土地上，吸吮着中华民族漫长奋斗积累的文化养分，这个文化博大精深，这个养分是无比珍贵的。

陪你的孩子一起读

读书给他们听、每天读书给他们听、坚持读书给他们听、不断地读书给他们听。对于低龄儿童来说，陪伴式阅读是最有效的方式，没有之一。

父母自己也要看书

有些父母自己很讨厌看书，却希望孩子喜欢阅读。要知道，你的行为会潜移默化地影响孩子，有的家长自己每天抱着手机刷微信，买买买，却要求孩子学这学那，这样的教育方式，你对得起孩子吗？

家中有良好的读书氛围

保证家中的书随处可见，让孩子从小就看书，并让他从小就认为书是非常好的玩具之一。

把阅读和有趣的户外活动联系起来

带着孩子到户外玩耍在帐篷里读书、在吊床上读书、在小船上读书，创造更多这样的机会，孩子就会爱上阅读。

带着孩子多参加各种和阅读相关的群体活动

阅读会、故事大赛、朗读故事、绘本表演……带着孩子去折腾吧！

把图书作为生日礼物

孩子生日时可以有各种各样的礼物，但是图书一定要在其中，这是在潜移默化地影响孩子，使他们认识阅读的重要性。

把阅读的主动权交给孩子

孩子想要读什么样的书？想要在哪里读书？想要选择什么样的阅读伙伴？在阅读时想要吃什么小零食？把这些主动权都交给孩

子吧。

要有足够的耐心

孩子坐不住，孩子不爱看书，孩子爱撕书，孩子爱看动画片，停止这一切焦虑，耐心地陪孩子读书，哪怕每天只有二十分钟。如果孩子迷恋电视，尽量不急吼吼地不准孩子看电视，逼着孩子看书，两三岁的孩子都是凭兴趣做事的，不能强逼。相反，陪着孩子一起看电视，看完后和她一起讨论，等孩子过了电视迷恋期就好了。孩子看书，不是强迫出来的，是兴趣使然，也是你耐心地引导和影响出来的。

另外，培养孩子阅读，不要有功利心，所有的事情，你坚持做，坚持学，都有它的好处，哪怕你让孩子读达尔文进化论，也是有用的。

阅读的时候，关掉电视机或收音机，营造一个安静的氛围。尝试用有趣的声音和孩子一起阅读，这样边玩边学效果更好。

孩子的阅读兴趣是一个渐进的发展过程，哪怕每次阅读几分钟也是有效的，并不是必须要读完成这本书。随着孩子的成长，他们通常能够保持更长的阅读时间。

为孩子买一盏床头灯，或者一盏小小的读书灯。告诉他从今以后，他必须在某个时刻上床（例如，晚上8:30），他可以选择睡觉或者看书。

聪明妈妈手记

阅读是一个持续的过程，是需要长时间养成的习惯。所以，妈妈们要尽可能给孩子创造阅读的氛围，给孩子时间和空间阅读，让孩子通过阅读，理解生活，理解这个世界。

肆

放手，让孩子融入大自然

大自然里有无穷无尽的“宝藏”，是孩子最好的课堂。让孩子融入大自然，去感受、去享受、去创造，去发现一个快乐的童年。

1 在大自然里寻找快乐的童年

三毛说："城里长大的孩子，最大的悲哀在我看来，是已经失去了大自然天赋给人的灵性。"

钢筋水泥的丛林，车水马龙的道路，任务繁重的功课和补习，环境恶化，使孩子们可接触到的大自然越来越少……

儿时的我，生长在乡村，回想起童年的那些趣事，大多都是与自然相关的，非常难忘。

夏天的时候，最喜欢做的事就是去河里游泳、捉鱼。水不深，一群孩子在里面嬉笑打闹。由于从小就生长在河边，大人们也从未担心过安全问题。太阳不是很晒的时候，一群小伙伴，飞奔到河边，扑通扑通跳到河里，像欢快的小鱼，自由自在地游着。游累了，就去浅水区摸鱼，不需要任何工具，都是徒手抓鱼。小河虽不宽，但鱼可不少，我们弯着腰，下巴抵着水面，用手打探着鱼的位置，然后以最快的速度抓到鱼。每抓到一条鱼，就兴奋地与其他小伙伴分享喜悦。有一次，我和小伙伴抓了不少鱼，小手拿不完怎么办？为了把鱼带回家，我们找到一根很长的稻草，把鱼一条条串起来，拎着回家了，妈妈看到后，很惊喜，称赞我竟然能想出用稻草串鱼的办法。

秋天，是收获的季节。大片大片的花生地里，藏着田鼠打的洞。别看这简单的一个小洞，里面可是别有洞天。我和小伙伴拿着铁铲，顺着小洞一点点地挖下去，洞越挖越大，挖到拐弯处，离“收获”田鼠偷的花生仓库可就不远了。我们撅着屁股，头伸到自己挖的大土坑里，用小手一点一点地开始扒老鼠的仓库，一堆堆白花花的花生慢慢地出现在眼前，我们别提多兴奋了，然后我们再把田鼠平时偷的花生一点点地收缴回来。每挖一个田鼠仓库，就可以收获不少花生，这一直是秋收季节我们乐此不彼做的事情。

冬天，冰天雪地是常有的事。堆雪人、打雪仗，在结着厚厚积冰的河面上滑冰。大河冰面非常滑，一不小心就会摔跟头。那时我们都不知道害怕，摔了跟头再爬起来，有时摔得脑袋嗡嗡响，屁股麻麻的，却没有一个叫疼的，你追我赶笑声不断。

春天的时候，可就诗意多了。吹蒲公英是小伙伴最爱的游戏，只要用嘴稍微一吹，它们就会分散开成为一个个独立的降落伞，迎着太阳，轻轻地乘风飘去。

还有就是抓蝌蚪，看谁抓得多，抓完了，我们又开始担心小蝌蚪找不到妈妈，又小心翼翼地把小蝌蚪放回去，一边放还一边念叨：“快去找妈妈去吧，你的妈妈是青蛙，可别找错了啊。”

这一年四季的趣事，这一花、一草、水滴、露珠、蝌蚪、蒲公英……都是那么神奇。像五彩斑斓的彩笔，把我的童年装点得美好而幸福。如今，每天都穿梭在城市里，才意识到大自然给了我多么幸福、甜蜜的滋养！

然而今天的孩子们离大自然却越来越远。他们拥有太多的玩具和各种各样先进的电子产品，但与大自然亲密接触这一成长中不可或缺的经历却少得可怜。

鲁迅说：“没有亲近过土地的孩子没有童年。”我想当孩子若干年以后回想起自己的童年，一定不是上了多少个补习班，学了多少英文，搭了多少积木，玩了多少玩具。

美国著名心理学家贝尔·福克说：“大自然是孩子的教育之神，孩子可以在一草一木、一雨一露、一花一土中孕育出高超的智慧、坚毅的心胸以及敏锐的感受力。”

时至今日，我依然感激童年的自然生活带给我的好处，不局限的思维方式，丰富有趣的生活知识，不怕困难的乐观心态。这所有的一切，都如阳光、水和空气一样，留在我的记忆里，糅在我丰富多彩的生命里。

聪明妈妈手记

生活需要一颗感恩的心，而一颗感恩的心需要生活来滋养。如今城市的生活条件越来越好，然而孩子接触到大自然的机会却越来越少。所以，妈妈们只要有时间，带着孩子去接触大自然吧，让孩子拥有一个美好而难忘的童年。

2 大自然对孩子成长的重要意义

女儿刚几个月大的时候，我们经常利用周末的时间，带着她在近郊、户外玩耍。在我看来，大自然是孩子早教的最佳土壤。

后来女儿一岁多的时候，我们坐高铁去外地；正值秋季，路上的风景美得让人心醉，山峦重叠，黄绿相间，红黄斑驳，一帧帧的在车窗外流动。

女儿趴在窗户边，目不转睛地望着外面的景色。

“妈妈，那是什么呀？”女儿用小手指着窗外。

“山！”

“山上有什么呀？”

“树！”

“树是什么颜色呀？”

“黄色”

“那山是什么颜色呀？”

“紫色！”

在女儿眼里，外面的大山是黄紫相间的景色，而这种风景，在她的小脑袋里，也留下了深刻美丽的印象。而这些印象，不是我在家用几张识色卡、几个故事可以代替的。在大自然面前，孩子总会给我们惊喜。

苏联教育家苏霍姆林斯基曾说：“大自然是第一本教科书，是世界上最有趣的老师，她的教益无穷无尽。”然而，世界上有很多孩子却没有机会与这本教科书、这位有趣老师亲近，实在是遗憾。

是的，带孩子走进大自然，走近这位学识渊博的老师，它会教给孩子很多很多。

激发孩子的好奇心

记得有一次我们组织学生去农村感受大自然，当地有西红柿、黄瓜、白菜、豆角、花生、大豆、红薯等蔬菜和农作物。看到西红柿，大部分孩子表示都认识，因为平时吃得比较多；但是走到花生、大豆这些农作物面前，大部分孩子表示不认识，的确，他们见到这些的机会太少了。当我们走到野外时，孩子们好奇地问：“这是什么花？那是什么草？原来有这么多不同颜色的蝴蝶呀。”孩子们像行走的十万个为什么，一路上好奇地问着老师，通过老师详细的讲解，他们了解到大自然的神奇，收获了不少自然知识。

培养孩子的观察和思维能力

蔬菜是怎么生长出来的？萤火虫为什么会发光？鸟叫、虫鸣、雨声、风声、水流声都有着哪些不同的韵味？这些都是吸引孩子思考的自然现象。通过这些观察和思考，会有效地促进孩子的思维能力和观察能力。

提高孩子的专注力

专注力在很大程度上决定了孩子成绩的好坏。对于孩子来说，大自然是他们学习、体验、观察、探索的最好场所。通过与大自然的接触，他们的知识不断丰富，体验得以增长，观察力得以提高，而观察所需要的专注力就会相应地得到提高。

锻炼孩子的动手能力

孩子天生好动，也热爱大自然。玩水、挖沙、采野花、堆雪人、放风筝、打水仗，这些都能锻炼孩子的动手能力。南宋诗人范成大的“童孙未解供耕织，也傍桑阴学种瓜”的诗句正是对儿童在接触大自然中一些活动的写照。

丰富孩子的感官

如果你的孩子沉迷于电子产品，如果你想转移孩子平时爱看电视的习惯和注意力，那最好的方式就是把孩子带到户外。自然景象可以丰富孩子的视觉、听觉，甚至是嗅觉，让孩子的感官得到充分的满足。有了这些丰富而美好的感官体验，孩子自然会逐渐减少在电子产品上所花的时间和精力。

保护孩子的视力

不知道你有没有发现，身边越来越多的小孩子过早地戴上了眼镜。家长也越来越重视孩子的视力健康，但很多孩子的视力还是一天不如一天。

朋友家孩子读小学一年级，上次跟我说，全班五十多个小朋友，近视或者弱视的已达到近二十人。而保护孩子眼睛最好的办法就是多接触大自然，让孩子的眼睛得到保护和休息。哪怕只是身边的公园，带孩子去走一走，让眼睛从书本、作业、电子产品里抽离出来。让孩子拥有一双清澈的眼睛，来看这个丰富多彩的世界。

增加亲子关系

亲子关系是一门艺术科学，良好的沟通和感情维持会让父母更加懂孩子、了解孩子。带孩子接触大自然，让孩子自由自在地享受这份没有作业、没有考试，只有爱和陪伴的家庭氛围，会有效地促进亲子关系的发展。

聪明妈妈手记

妈妈在带孩子出来游玩时，记得不要要求太多，过于严肃，或者是过分强调学习的目的，甚至是进行说教。即使是要在大自然中学习，也是寓教于乐。多给孩子一些主动权，让他每次接触大自然时，都有一些自己的收获。

3 如何正确引导孩子认识大自然

2014年，一个偶然的机会我去了湖北和重庆交界的古地震遗址。因为是组团去，不少家长纷纷表示要带孩子一起去感受一下。因为遗址也是国内保存最完整的一处，如果带孩子去，也算是一个自然教育的好机会。

当地山水相依、秀峰环列，大巴车行驶在盘山公路上的时候，一路的风景美不胜收。而大多数家长却睡了一路，随行的孩子精力虽好，却因为无聊，都玩着父母的手机，打游戏、看动画片。

当大巴车停在遗址大门时，家长们带着孩子蜂拥而下，招呼孩子在遗址大门口摆姿势，拍照。因为大门这里有一处当年地震遗留下来的滚石，上面刻着“遗址”两个大字，家长们围着这块石头拍了足足半个小时。

后来沿着小路一路往遗址里走，一片落石区映入眼前，最大的落石目测直径有数十米，需要十多个人才能环抱一周。落石旁边有资料介绍，岩石的种类、构成，等等。但是少有家长给孩子科普这些，甚至很少有家长带着孩子仔细观看。地震遗址让人非常震撼，每走一处，仿佛都在向游人诉说当年那难以磨灭的灾难。然而，不少家长除了感叹此时的美景、忙着拍照之外，很少有带着孩子心存敬畏地了解眼前这震撼人心的大自然。

近几年，随着物质生活的逐渐提高，越来越多的家长会带着孩子出去旅游，接触大自然。但是，真正的旅行和自然教育绝非是上车睡觉、下车拍照这么简单。

那么，让孩子走进大自然，又该如何运用好大自然这本天然的教科书呢？

一起去郊游

现在工作生活比较繁忙，如果假期较少，时间不充足，那就多带孩子去近距离的地方郊游吧。春天去踏青、爬山、放风筝，夏天去避暑，秋天去看风景，冬天去打雪仗，可以做的事情实在太多了。在户外，多告诉孩子一些和大自然有关的常识，感受四季的更迭和变化。

一起去旅行

旅游和旅行，两者虽差之一字，却谬之千里。旅游是一种消遣和消费的过程，旅行则是一种体验和感悟的过程。多带孩子去旅行，让孩子在旅行过程中感受外面的世界，体验不一样的生活，开阔眼界。

一起去“淋雨”

女儿喜欢下雨天，尤其是喜欢在下雨天的时候出去踩水。每逢下雨天，我都会给她准备好雨鞋，带上雨伞，带她去嬉水，听雨打在伞面、树叶、地上的声响，看雨点落至各处溅起的水花，女儿此时别提多开心。

现在很多妈妈，怕孩子淋到一丁点儿雨，更怕孩子去踩水把衣服鞋子打湿，这种做法直接阻拦了孩子接触大自然的机会。因为只有雨水打在手心里，孩子们才能感受到春天的雨、夏天的雨、秋天的雨、冬天的雨到底有什么不同。

一起学习与大自然有关的知识

作为妈妈，不仅要学习如何教育孩子，还要学习一些自然知识和生活常识，这样不管带孩子去哪里，都不会被孩子的十万个为什么难倒。所以，妈妈们平时可以多陪孩子看一些和大自然相关的书籍，在户外活动的时候，善于发现自然界蕴含的知识，与孩子一起活学活用，开阔眼界。

做好准备工作

大自然是丰富多彩的，沿途的每一处风景都将成为孩子关注的焦点，如果是去妈妈没有去过的地方，一定要提前做好充分的准备，根据孩子的年龄、体力来安排好行程和任务。如果行程超出了孩子的承受能力，就会大大降低孩子的出行兴趣和出行质量。

提前科普安全知识

接触大自然，安全工作不容忽视。所以，不管去哪里，都要提前给孩子科普好安全知识，并针对不同的隐患做出安全措施。很多妈妈因为担心孩子的安全，一路都在提醒孩子要注意这注意那，这样会大大降低孩子的观察兴趣，而且这样的安全意识教育效果并不好。

大胆放手，相信孩子的能力

一个做自然教育的朋友，有一次在我面前语重心长地感叹："每次带孩子们出去，家长们都会有十万个担心和问题。行程的详细安排是什么，当地有没有蚊虫，这次自然教育可以达到哪些效果，等等。"

还有些父母根本不放心孩子单独出去，害怕孩子会磕着、碰着，害怕孩子会发生危险等。相比这些担心，在大自然中教会孩子生存的方法，也许才是让孩子一生平平安安的最好办法。所以，为了锻炼孩子的生存能力，妈妈应该适当放手，要相信孩子能够做好。

聪明妈妈手记

接触大自然有很多种方式，让孩子在大自然这本教科书里，寻找生活中最美的样子，寻找书本里学到的知识，寻找快乐的生活方式，寓教于乐，激发孩子的想象力。走进自然，亲近泥土，在大自然的环境中、在快乐的环境中健康生长，这才是教育的初衷。

4 不如让孩子做个小导游吧

小树的爸爸是专门组织做亲子游的，所以不到5岁的小树经常跟着爸爸出去游玩，这个习惯已经坚持了两年。

别看小树年纪不大，但出去游玩时俨然像个小大人，全程根本不需要爸爸的照顾。不仅如此，小树还帮爸爸用对讲机联系其他随行的家庭，组织大家及时跟车，简直就是爸爸的一个全能小帮手。到了目的地，小树玩得很开心，一边玩还一边带着其他小朋友玩，像个大哥哥一样，照顾其他小朋友。并且告诉小朋友如果遇到问题要怎么解决；在户外玩，不能一个人乱跑，不能掉队。我在一旁边观察小树，发现这个孩子沟通能力、户外生存能力非常强，熟练地帮爸爸扎帐篷，准备野炊的物资、工具，提醒其他小朋友喷防蚊液，等等。

我询问小树的爸爸是如何把孩子锻炼得这样懂事的，他说："每次带小树出来玩，提前要准备哪些东西，甚至下一站的目的地是哪里，都会让他来做决定。时间长了，每次出去游玩，他比我还细心，还会主动提醒我一些要注意的事情。”

可是小树的爸爸又说：“两年前，小树可不是这个样子。小树上幼儿园时，我经常被老师叫到学校，说小树不喜欢和其他小朋友交流，也不爱参加集体活动，等等。后来每次出行我就把他带上，带他多接触大自然。时间久了，他越来越懂事，自立能力和思考能力都提升了不少。”

也许有的妈妈会说，我也经常带孩子去旅游啊，可是没有感觉孩子有什么变化呀。那妈妈们有没有充分利用旅游这个机会，试着让孩子做个小导游呢？如果没有，那下一次出行，就试试吧，趁机锻炼孩子的自主思考能力和动手能力。

让孩子选择去哪里

尝试让孩子自己选择目的地，如果孩子不知道，家长可以罗列一些地方，告诉孩子这些地方有什么特色，让孩子自己做选择。当然，要确保孩子不是一时兴起的选择，而是经过思考、判断选择出来的。让孩子自己选择目的地，会使他在整个旅游的过程中更加主动、积极，不轻易放弃。

拟订线路及日程安排

如果孩子年龄还小，妈妈可以罗列几个选项，让孩子自己来安排。如果孩子的安排相对合理，那就不妨陪着孩子去走完这个行程。如果不合理，妈妈可以给孩子一些建议，站在孩子的立场跟他一起分析问题，寻找资料，而不是命令孩子，你必须这样做不能那样做。也就是说我们可以给指导建议，但是不能替孩子做决定。

旅行中的理财课

给孩子一笔小钱，告诉他可以在这次旅行中自由支配。旅途中，诱惑有很多，美食、礼物、伴手礼，观察孩子支出费用的情况，并鼓励他学会打理好这笔费用，借此锻炼孩子的理财能力。

当个小小摄影师

邀请孩子给爸妈拍几张合影，或者是把相机交给孩子，教他如何拍出自己喜欢的风景。孩子的视界和大人眼里的风景是不同的，让孩子在行程中，学会观察、记录，同时也锻炼了孩子的摄影技巧。

自己整理出行物品

很多妈妈带孩子出去，都是一手包办，把出行的东西全部整理好。其实，可以尝试让孩子自己来准备，衣服带得不够穿？准备得不充分？那妈妈可以提醒一下孩子哪些没有带，或者自己再准备一部分。

总结经验和不足

旅行结束后，可以找时间和孩子聊一聊这次旅行的收获和需要改进的地方，并在下次旅游的时候注意这些。别小看这小小的总结，孩子心里会记着的。

尊重孩子的选择

让孩子做个小导游，为了确保全程安全、顺利，妈妈还是需要重新梳理一遍的。梳理的过程中，及时与孩子进行沟通改进。

聪明妈妈手记

让孩子做个小导游吧。可能孩子的选择和安排并不太合理，但是只要不是原则性问题上存在失误和危险，妈妈们都可以尝试尊重孩子的决定，让孩子从小有自主选择的能力和意识，建立起对自己的言行负责的意识和习惯，这对孩子以后的学习，甚至未来的人生都是大有裨益的。

5 让孩子远离“自然缺失症”

朋友的女儿幼儿园刚刚毕业，趁着暑假，朋友决定带孩子去海边或者找一个山清水秀的地方玩几天。当她兴致勃勃地询问孩子想去哪里时，孩子却表示哪里都不想去，还不如在家里看动画片好玩。6岁的孩子说出这些话，朋友有些讶异。她说：“不知道从什么时候开始，孩子不愿意出门，但对看电视和玩游戏却很是乐此不疲。偶尔出去玩，也是喊累，根本无法真正地享受大自然。”

作家三毛称这样的儿童为“塑料儿童”。“塑料”时代的来临，逐渐让孩子们脱离了大自然，他们不会爬树、捞鱼、摸虾，而是每天上学、补习、学才艺，做完繁重功课后仅有的一点空闲，看电视和上网玩玩游戏也就不够用了。他们不知道什么是萤火虫，分不清树的种类，从不对大自然的存在感兴趣。三毛认为，这些城里长大的孩子已经习惯用物质代言欢乐，无法与自然和谐共存。

大自然是孩子成长的天然乐园，缺失了这些，孩子的童年也会少了很多乐趣。如果让孩子与大自然环境完全割裂，还有可能会出现各种各样的身体、心理问题，这绝不是耸人听闻。

美国作家理查德·洛夫提出一种现象，叫自然缺失症（Nature-deficit Disorder），即现代城市儿童与大自然的完全割裂。这不是一种需要医生诊断或需要服药治疗的病症，而是当今社会的一种危险现象。

那么，远离、脱离大自然，容易引出哪些问题呢？

对大自然缺乏敬畏之心

有一位长期发起自然教育活动的朋友曾这么形容自己的感受："孩子们在自然中经常表现出不适和恐惧。不少孩子看到虫子会尖叫，他们不喜欢粗糙、脏的东西，不愿意触碰树干和泥土。他们不知道水从哪里来，不知道树叶为什么会落下，不知道蔬菜从哪里来，他们随意挥霍饭菜，随意踩死一只虫子。对大自然的敬畏之心，在钢筋水泥的城市里，在孩子们的学习内容里，正在逐渐缺失。"

好在近几年，自然教育在全国悄然兴起。不少专业人士和机构投身于自然教育中，用行动影响着身边的每一位家长。希望通过这种教育弥补孩子们和大自然之间存在的缺失，减缓自然缺失症，让孩子们走进大自然，感受大自然的神奇。

缺失的童年乐趣

搭积木、看动画片、过家家这些并不能撑起一个完整的童年。

也许很多妈妈会说："我们小时候玩的东西太少了，现在的小孩多幸福啊，机器人、平板电脑样样齐全，吃的有营养，穿的是名牌。"但是我们曾经拥有的那些美好童年，春天去踏青，夏天去摸鱼，秋天摘野果，冬天打雪仗，现在的孩子们却很少能够感受到这些童趣。甚至有孩子认为，大自然就是地上开满了漂亮的小花，或者草地上奔跑的动物。

孤独易怒的情绪

曾有一位心理咨询师也表示，人体是个生物电磁场，我们生活在大自然的大电磁场中，一旦大自然的平衡更改或被阻挡，身心就会引发各种的病态、不舒服，我们身边各种现代化的物质都是不导电的物质，使我们每天都在"绝缘体"的世界中生活，没有与"地气"相通，释放负电荷，人们很容易变得孤独、焦躁、易怒。

我记忆中的童年，充满了快乐。那个时候，似乎没有孤独、易怒这些概念。我们快乐地奔跑，有作业就写，饿了就去吃饭，吃完饭就去玩耍，连上学的路上都充满了欢乐。那个时候的童年是和大自然融为一体的，直到今天，记忆深处最难忘的依然是快乐的画面。

作为妈妈，如果有时间，就多带孩子走进大自然，创造条件让孩子去感知大自然，体会大自然的美丽和乐趣，让孩子在大自然的怀抱中健康成长。如果整天把孩子关在屋子里，让孩子待在一个封闭的空间里，容易让孩子在枯燥、无味的生活中变得郁郁寡欢，遏制孩子各种能力的发展，甚至会影响孩子身心健康。

聪明妈妈手记

孩子的童年很短暂，然而学习成长的路却是漫长的一生。所以，我们应该少点焦虑，放慢教育的节奏，带孩子走进大自然，用心享受自然界赐予的神奇和美好，为孩子守护那稍纵即逝的童年快乐时光。毕竟，这些童年的快乐是无可替代的，是未来功成名就、荣耀加身也无法弥补的。

6 这才是美术课的正确打开方式

朋友丹丹成立了自己的绘画工作室，教孩子们画画。她在教学的过程中，几乎有一大半的时间是在户外进行的。比如，春天，又带领孩子们采集花草、打纸浆，学习造纸。夏天，她带着孩子们欣赏荷花，教孩子们动手用五颜六色的纸剪出荷花的样子。秋天，她带领孩子们用洋葱皮让鸡蛋壳“开花”、用苏木和栀子染布袋，孩子们玩得不亦乐乎。冬日暖阳下，教孩子们学习整个草木染的过程和方式，再搭配出自己最爱的颜色，制作出一条五彩斑斓的围巾。总之，她的课有趣极了，孩子们在她的带领下，一个个变得“神通广大”。

美学大师蒋勋曾经说过：“玩，可以说是一切学问的根本。上100堂美学的课，不如让孩子自己在大自然里行走一天。”

是的，真正的艺术教育绝非是一张纸、一支画笔、一个调色板可以完成的。正真的艺术教育是需要在大自然中发现美、感悟美。因为大自然给我们的馈赠更多，多到我们常常会忽略。

大自然是最美的搭配师

四季变幻，五彩缤纷，大自然总会给自己穿上最美的外衣来迎接四季，春天的绿、夏天的蓝、秋天的黄、冬天的白，还有那天空的颜色、青草的颜色、鲜花的颜色、木纹的颜色、石头的颜色、河流的颜色……这些颜色碰撞在一切，足以让我们惊叹：大自然才是最美的色彩搭配师！

大自然有丰富多彩的创作材料

一片树叶、一颗石子、一根树枝，都是孩子们创造的天然材料。室内的艺术课，最多的材料就是笔和纸、调色板、颜料，而在大自然里，孩子们拥有发现美的眼睛、好奇的心、喜欢思考的小脑袋和喜爱绘画的双手，加上这些可以即兴创作的材料，于是便拥有了一个天然的绘画天堂，搭配出最自然的艺术品。

知道什么是美才能创造美

大自然的美，有非常丰富的层次，有灵气，有绚烂的色彩，有自然的味道，这些都是大自然赐予我们的礼物。让孩子学会欣赏这些美，才能把这些美运用到创作中。

当今时代，依然有不少人喜欢用草木来染色，苏木姜黄、西草澜沧，等等。把那些红的、黄的、紫的、蓝的，定格在美丽的画布上。这些大自然赐予的颜色像是被风雨岁月漂洗过一般透澈、雅致。

促进孩子的五官体验

把孩子放在大自然中，通过这种寓教于乐的方式，让大自然这个天然的大花园促使孩子有更多的创造力和想象力，让孩子从一根根线条到一个故事，从一个个颜色到一颗彩蛋，从一块块彩泥到一只蜗牛，让大自然的美来滋养他们的心灵，塑造他们的未来。

更有亲和力的天然教室

在大自然里学习绘画课，比传统的室内教学更加有亲和力，也有更加开阔的视野、更美好的触感，孩子在这样的环境中，会更加放松，释放天性，从而自由地学习和创作。

有人说，儿童是天生的艺术家；也有人说，儿童是自然之子。也许儿童原来就是属于艺术和自然的，所以，最好的绘画课，应该顺应儿童的天性，让他们在大自然里尽情地玩艺术，看这些小天才们是如何与自然对话，如何创作属于自己的故事。

聪明妈妈手记

让孩子走进大自然，感受大自然的奇妙，在大自然中发现一株小草、一片落花，感受这些天然的美，激发出孩子的创造力，才是我们让孩子上绘画课的正确打开方式。

7 把自由玩耍还给孩子

由于社会竞争日趋激烈，越来越多孩子的童年中自由玩耍的时间越来越少。

曾有一篇文章提到：2005年，《儿童和青少年医学文献》（ARCHIVES OF PEDIATRICS & ADOLESCENT MEDICINE）中的一篇报道表明，1981～1997年，儿童自由玩耍的时间缩短了1/4。为了让孩子上一所好大学，从幼儿园开始父母便选择牺牲了孩子的游戏时间，给他们安排了很多课外活动。然而，正是随心所欲地玩耍，才能让孩子更具创造力和协调能力。

童年，是孩子探索欲爆发的时期，也是性格形成的关键时期。呵护这种探索欲，让孩子自由玩耍，激发孩子的创造力和思考力，是每个妈妈应该思考的问题。

现在也有很多妈妈，为了缓解孩子的学习压力，带孩子去旅游，或者是为了寓教于乐，给孩子报了各种夏令营。然而，却很少有孩子能享受自由玩耍的快乐。

玩耍，自由最重要

想起我们小时候，玩什么？全靠自己想。今天玩“斗鸡”，明天玩“警察抓小偷”，后天玩“猫钻十二洞”，再过几天玩“过家家走亲戚”。

怎么玩？全靠自由组队。“斗鸡”是我们经常玩的一种游戏，这种游戏在冬天里可以暖和身子，夏天里可以大汗淋漓。别看这小小的游戏，是非常需要力气的，所以常常成为男孩子表现气概的游戏，不过也有身材结实的女生加入进来一起玩。

还有一种是警察抓小偷的游戏，小朋友们先是石头、剪刀、布，输的做小偷，赢的做警察，然后1、2、3开始跑，小偷躲在一个隐蔽的地方，警察充满正气地去寻找。这种游戏，经常可以玩上一两个小时，绝对是体力上的消耗和智力上的比拼。

而实际上，角色扮演这种没有组织、富有想象的玩耍对于正在发育的大脑不仅是一种乐趣，而且最具挑战性。

在玩耍中锻炼社交技能

玩耍的过程中，如果你只想扮演警察、老师这样的正面角色，那你很快就会失去玩伴。所有在玩耍的过程中，角色互换显得尤为重要。通过这种角色互换，可以让孩子在交往过程中，学会退让、妥协。

另外，在玩耍的过程中，为了达成自己想玩的游戏，就要学会如何沟通和谈判，说服其他小朋友接受自己的想法，这有助于锻炼孩子的思维能力和谈判技巧。

玩耍本身没有明确目的

《动物玩耍的起源》（THE GENESIS OF ANIMAL PLAY）一书的作者戈登·M.布格哈特（Gordon M. Burghardt）花了18年的时间，对动物进行了仔细观察，进而给玩耍作了定义：重复的（触碰一下某个新奇物体不能算作玩耍）、自愿的、在轻松的情境下产生的行为。无论是动物还是孩童，在没有吃饱或者倍感压力的状态下，都不会有心情去玩耍。最关键的一点是，这种情况下的玩耍并没有什么显著功能，也就是说，玩耍本身没有明确目的。

现在，很多妈妈想通过各种形式的夏令营来锻炼孩子的能力，其实一些行程详细并有着精美时间表的夏令营，给孩子带来的愉悦体验是非常有限的。

最常见的一种夏令营就是军事化管理，这样不容易出问题，而且容易复制。比如，打着可以强健身体、锻炼毅力、团队精神的口号，一开始就是各种体力训练，孩子直接累趴下，没有体力，也不再调皮乱动，自然好管理。还有就是现在比较流行的读经，似乎孩子在摇头晃脑之中便学会了古代博大精深的文化知识，甚至有的读经老师用心理引导的方法让孩子哭，好像哭得越狠领悟得越深刻。原本开开心心的夏令营，原本欢快的小人儿抱成一团哭，真是让人心疼。

而这些在应试教育重压下的孩子们，本想趁着假期放飞自己，却被继续束缚着，区别仅仅是从室内走到室外而已。

让孩子在大自然里自由玩耍

我一直不喜欢跟团旅行，有一个重要的原因就是，无论去到了多么喜欢的地方，时间到了，必须走。孩子的玩耍也是一样。没有充满逻辑和亮点的流程表，没有固定玩什么的“一刀切”，每个孩子的状态都得到自然释放。

在大自然里，孩子们的开心与自由是教育的最好时机。通过对孩子细微准确的观察，引导与启发就显得尤其重要。教育原本就是一门艺术，在灵动的山水之间，带孩子玩耍的人也尤为重要。

玩耍让孩子变得聪明

1973年，《发育心理学》（DEVELOPMENTAL PSYCHOLOGY）杂志发表了一项经典研究。研究人员将90名尚在上幼儿园的小朋友分成三组。第一组小朋友可以从一叠纸巾、一把螺丝刀、一块木板、一堆纸夹等常见物品中，挑选4种来自由玩耍；对于第二组小朋友，研究人员要求他们模仿工作人员，根据日常方法使用这些物品；第三组小朋友看不到这些日常物品，他们坐在桌前，随机画自己想画的东西。10分钟后，研究人员要求小朋友们说出其中一种物品的使用方法。结果显示，自由玩耍的孩子说出的非常规的、创造性的使用方法是另外两组孩子的3倍，这说明玩耍有助于培养创造性思维。

大自然有无穷无尽的“宝藏”，一只随时可以躲在硬壳下的蜗牛，一张充满智慧的蜘蛛网，都可以成为孩子学习和观察的对象。孩子们在玩耍的过程中，通过对自然的观察可以学习动物的某种生存优势。

让孩子像鱼儿一样自由自在地玩耍、探索世界的奇妙，是我们每个妈妈应该思考和面对的问题。

也有文章曾指出：如今很多家长都认为，他们是为了让孩子获取最大利益，才限制孩子自由玩耍，让孩子参加各种“有价值的”学习活动。加拿大艾伯塔莱斯布里奇大学的行为神经科学家赛尔焦・M.佩利斯认为，有些父母也会犹豫，是否应该放任不管，让孩子自己去玩。他们可能担心，在打闹或粗暴的幻想式游戏中，孩子们可能会擦伤和骨折。佩利斯认为，父母有这样的直觉很正常，但这样保护孩子“是要付出代价的，这些孩子长大后，很可能会难以应对预料之外的复杂世界”。

聪明妈妈手记

每个孩子都需要一个自由自在玩耍的童年，而这种玩耍既不是建立在严密的流程上，也不是建立在精美的时间表上，而是通过大自然这个灵动的教室，让孩子得到最好的释放。所以，让玩耍少一些套路和规则，让孩子在接触大自然的过程中学会应对挫折、克服困难。

伍

放手，让孩子成为生活小能手

“天下大事图于细，天下难事图于易。”每一个爸爸妈妈都向往孩子以后可以成功，走向光明，让孩子从具备符合年龄范围内的独立能力开始，从生活中的一些日常小事开始，言传身教，做孩子的榜样，潜移默化地影响孩子。

1 放手，别低估孩子的能力

有一次我去闺蜜家，刚进门没一会儿，闺蜜接了个电话出去了，留下她6岁的儿子安安与我在家。因为和闺蜜比较熟悉，所以我准备自己动手为他们准备晚餐。我正在厨房忙的时候，安安跑过来说："阿姨，不需要用到刀子的地方，我都可以帮忙。"我说："可以啊，我正好有点忙呢。"洗菜、煮米饭、打鸡蛋，把不用的碗洗好收起来，这一切，安安都做得有条有理，非常熟练。闺蜜回来，我提到这些，她一点都不惊讶，因为平时她做饭的时候，安安经常过去帮忙，只是孩子太小，不能让他接触刀具，以免误伤。

看到这个例子，你是不是很想说一句："这就是别人家的孩子啊，聪明、独立、有主见、又贴心……"

不要低估孩子独自生活的能力

现在社会，好像孩子的首要任务就是学习，其他事情妈妈都可以代劳，甚至有的妈妈会认为，三五岁的孩子能做什么呀？孩子虽然小，但是他的观察能力和动手能力远远超乎我们的想象。当你什么都给孩子准备好的时候，他就失去了参与的权利和体验过程的乐趣。当孩子从一个呱呱坠地的婴儿成长为一个会爬会走的宝宝时，他就是一个具备面对社会并独立生存的个体。

记得我大概5岁的时候，姐姐7岁。因为爸妈比较忙，晚上有时候很晚才回来，7岁的姐姐刚有灶台那么高，就开始踮着脚做晚餐。当时家里还是土灶台，我就帮姐姐烧火。姐姐做饭很好吃，菜炒得咸淡适中，她还会擀面条、做稀饭。其实妈妈没有刻意教过我们，都是平时自己的观察，然后模仿着做。每次爸妈回来，看到我们姐妹俩一起做的晚餐，都特别感动。直到今天，我和姐姐在生活自立能力上都很不错，尤其是成家以后，把家里也打理得井井有条，我想这都源于小时候的一些锻炼。

永远不要低估孩子独自生活的能力，他们只是缺少锻炼的机会而已。

给孩子机会去尝试

很多妈妈怕孩子做不好，吃饭撒得到处都是，穿衣服半天穿不进去，最后干脆都一手包办好了，结果把孩子惯得饭来张口、衣来伸手。导致孩子读小学了，还不会基本的生活常识。

朋友阿敏是两个孩子的妈妈，大儿子7岁，小女儿4岁。有一次，阿敏在朋友圈发了一组两个孩子做早餐的照片，大儿子有模有样地煮着面条，小女儿身高还不够高，站在小凳子上面，用平底锅煎鸡蛋。大家纷纷称赞这两个宝贝厉害，都会自己做早餐了。每逢周末，两个孩子就会自己准备早饭，小女儿的煎鸡蛋已经得心应手了，大儿子也经常煮面给妈妈吃。

让孩子多尝试，多给孩子一些锻炼的机会，孩子远远没有我们想象的那么娇气。

敢于让孩子试错

苹果削皮削不干净，没关系；衣服穿得慢，等一等；饭撒得满地都是，重新收拾；帮妈妈拖地没有拖干净，不要紧；这些无关原则的问题，多让孩子去尝试，哪怕做得不好，又有什么问题呢，相比让孩子动手做一些力所能及的事情，这些真的不重要。

多鼓励，放手让孩子自己来

女儿1岁时，为了锻炼她的手眼协调能力，也想早日让她能学会自己吃饭，我给她准备了自己的小碗小勺，每顿饭给她弄一些在自己的小碗里，让她自己练习吃。有的妈妈或者是老人总是嫌这样孩子会把东西都弄得很脏，就把这个锻炼的机会给抹煞了。其实，弄脏了再收拾下就好了，而孩子错失的锻炼机会，我们却很难弥补。

爱和溺爱，虽然一字之差，但是结果却完全不同，放手让孩子多锻炼，提高生活的自理能力，成为一个生活小能手。这样孩子在未来需要自己照顾自己的时候，才不会那么慌乱或无法应付。

成就感会让孩子更加自信

一些事情，我们看起来很简单，但是对于孩子来说，能够完成真的很不简单。对于我们成人来说，考一个证书、完成一个工作上的项目，或者来一场冒险，都会大大增强内心的成就感和自信心，何况是一个成长中的孩子呢！

千万别低估了孩子的能力，这不是拔苗助长，只是在孩子的每一个发展阶段为他们提供合适的环境和条件，再通过适当地引导，让孩子获得一些技能，快乐自由地成长。

聪明妈妈手记

人的潜能是难以估量的，对于孩子来说，更是如此，他们的能力远远超出我们的想象。所以，妈妈们千万不要用自己的“爱心”遏制孩子动手能力的锻炼，该放手时就放手，让孩子的“翅膀”变得强大，未来才能展翅高飞。

2 学做“懒”妈妈，养出勤快娃

这是一个有关神童和他母亲的故事：

神童的“神迹”：1岁3个月大的时候可以写下80多个汉字；2岁时认识1000多个汉字；4岁基本学完了初中阶段的课程；8岁进入县属重点中学读书；13岁以高分考入一所重点大学物理系；17岁又考入中科院高能物理研究所，硕博连读。

然而，除了学习，家里的任何事情，这位神童的妈妈都不让他插手。给儿子挤牙膏、洗衣服、端饭、洗澡、洗脸，甚至为了让儿子在吃饭的时候不耽误看书，这位“神童”读高中的时候，他的妈妈还要喂饭给他吃。

从小学到大学，“神童”的生活都是妈妈一手包办。妈妈陪读的生活，也一直持续到他大学毕业。

“神童”的妈妈说：“我心想，他将来长大离开我，人这么聪明，很快就能学会的。”但事与愿违，脱离了妈妈的照顾后，这位

“神童”“失控”了。他完全无法安排自己的学习和生活：热了不知道脱衣服，冷了不知道加衣服，穿着单衣、趿着拖鞋就往外跑；房间不打扫，屋子里臭烘烘的，袜子、脏衣服到处乱扔；后来，“神童”连硕士学位都没拿到，就被学校劝退了。

我想很多妈妈都看到过这个故事，故事中这位妈妈努力在做一个100分的妈妈，但她却培养出一个智商虽高，但是热了不知道脱衣服，冷了不知道加衣服的低情商孩子。

100分妈妈和0分妈妈一样，都是不合格的妈妈。0分妈妈是没有尽到做妈妈的责任；而100分妈妈则是太过于勤快，包办了孩子的一切，像直升机一样，整天围着孩子转。孩子没有想到的，妈妈先想到；孩子没有做到的，妈妈先做到。从而造成孩子在相应的年龄阶段没有得到应有的锻炼，久而久之，孩子便养成了依赖性强、懒惰等不好的习惯。

那妈妈们怎么做才合适呢？

适当地懒一点

这里所说的懒，并不是说对孩子全然不管，而是“身懒心不懒”，在旁边观察，该出手时再出手。妈妈会“偷懒”，孩子的生活自理能力才会慢慢地提高，对妈妈的依赖才会渐渐较少，妈妈们也才会越来越轻松。

姗姗读幼儿园的时候，已经是爸爸妈妈名副其实的“小棉袄”了。看到妈妈做饭的时候，主动帮妈妈倒杯水。平时和妈妈一起出门，妈妈很少代她收拾东西，都是姗姗自己收拾好，装在小书包里，她还会提醒妈妈不要忘了带钥匙。

我们都希望孩子以后能够独立、自信，所以，一定要学着放手，让孩子自己去做一些力所能及的事情，而我们则尽可能去做一个行动上的懒妈妈。

要善于引导

孩子不是天生就会处理自己的事情。一开始他们也并不知道事情该怎么做，所以需要我们的引导，包括用什么样的方法完成，都可以适当地提示孩子。对孩子及时观察，及时引导，适当地教孩子处理事情的办法。

对孩子要有耐心

很多时候不是孩子做不好，而是因为年龄太小，手眼协调达不到大人想要的程度，所以，他们在处理一些事情上可能没有那么完美。那又有什么关系呢？千万不要觉得孩子吃饭太慢，就抢过来喂他吃；或者觉得孩子做事情太慢，直接替他做了，然后一边做还一边抱怨“你怎么这么慢”。那孩子干脆就什么都不用做，这样也不会受到批评，多好呀。要知道，没有人天生就会很多技能的，都是在一步步地尝试中成长起来的。即使失败了，鼓励孩子再继续尝试就好了。

以身作则

言传身教是最佳的教育方式，也是最好的行动范本，孩子总会默默地模仿我们。有一句话说得很好，“你是什么样的，你的孩子就是什么样的！”你勤劳能干、会生活、尊老爱幼，孩子也会和你一样；你每天刷手机、玩游戏，那孩子也会痴迷于电子产品。

爸爸妈妈的行为和习惯，无形中也在影响着孩子，要想孩子独立、自立，仅仅靠“偷懒”也是不行的，爸妈的好习惯也同样重要。

凡事“慢半拍”

孩子有什么需要的时候，第一时间先不要急着帮孩子解决，而是先看孩子的需要是什么，能不能让孩子自己解决。如果可以，那妈妈就引导他自己想办法；如果孩子的确需要帮助，那我们再行干涉，并借此机会教孩子怎样处理事情。

让孩子自己来

现在有不少孩子已经四五岁了，家人还一口一口地喂饭给他们吃，因为担心他们吃得太慢，吃不饱。每次看到这样的场景，我就会有一些担心。孩子在幼儿园为什么可以独立吃饭，在家里却需要追着喂呢？一定是对家里人有依赖。因为有贴身“管家”，他只需要饭来张口、衣来伸手而已。没错，这样是很疼孩子，但是却阻碍了孩子的成长，阻碍了孩子自己动手的机会。

自作主张地包办代替，自己觉得尽了父母的义务，但是却给孩子造成了未来无法独立的失落和无奈。

从孩子小的时候开始，就可以尝试让他去做自己能做的事情，比如自己吃饭、自己去上厕所、帮妈妈倒垃圾、帮妈妈拖地、洗碗，等等。孩子能做的事情比你想象中的多，学着做一个“懒妈妈”，让孩子更好地成长起来。

千万不要让孩子成为一个生活自理能力差的人，因为从小养成的好习惯可以受益终身。有了自主生活的本领和良好的习惯，不管什么时候，孩子都可以靠自己的双手去生活，靠自己的勤劳和智慧去生存。

聪明妈妈手记

无论是孩子还是我们自己，都是一个独立的个体。总有一天，孩子会飞出我们温暖的港湾，闯出一片自己的天地，到那个时候，我们曾经付出的爱能够让孩子有能力独立、自信，而自己也不会变成孩子的负担，我想这才是最好的母子关系吧。

3 授子以鱼，不如授子以渔

最近同事跟我们抱怨，家里来了一个不受欢迎的人，这个人是她表妹，姑妈家的孩子。同事说：“表妹今年刚毕业，说租房太贵，要住到我家里来。我考虑到姑妈身体不太好，家里又比较娇惯这个孩子，怕她吃苦，就答应了。”“但是表妹实在是太糟糕了。”同事抱怨道。衣服随手乱扔，甚至不主动放到洗衣机里，在家里放音乐、打电话从来不考虑别人是否在休息。同事做好了饭菜，她坐上桌等菜全部端上桌就吃，从来不帮忙，吃完卖个萌就回房间里继续玩，你要是喊她洗碗，她说太脏。同事让她出去租房，这个表妹却戚戚然地说，自己之所以借住在此，是因为自己的爸妈没有本事，不能给她租房子，甚至不能在这个二线城市，给她买一套房子。一个二十多岁的姑娘，生活自理能力如此糟糕，家教如此不好，到头来抱怨自己的父母无能，这是谁的过错，我想大家都应该明白。

我曾经认识一对小夫妻，男方是个富二代，家境殷实。小两口从来没有上过一天班，每天不是宅在家里打游戏，就是出去旅游购物。公公婆婆给生活费，日子就这样悠闲地过着。不久男方的爸爸突然被查出癌症，治病期间，生意亏损严重，家庭遭遇重大变故，这小两口再也没有经济来源了，挥霍完家里仅有的一点存款后，还欠了不少外债。男方跑去找患了癌症的父亲要钱做生意，父亲拿不出，男方就开始埋怨父母为什么不给他多留点钱。后来被老婆逼着去赚钱，尝试了两份工作，都无法适应，干脆辞职回家继续打游戏；女方找了个销售的工作，工资不高，三天两头跟一点儿赚钱能力都没有的丈夫吵架，再后来两人离了婚，一家人就这么散了。

这两件事情，让我想起了《老子》的一句话："授人以鱼，不如授人以渔。"说的是传授给人知识，不如传授给人学习知识的方法。道理其实很简单，鱼是目的，钓鱼是手段，一条鱼能解一时之饥，却不能解长久之饥。如果想永远有鱼吃，那就要学会钓鱼的方法。而我用在此处，更改为"授子以鱼，不如授子以渔"。

综观身边那些受欢迎并且成功的人，他们有哪些特质？有哪些好的行为习惯？我们每个人都希望孩子将来功成名就，被他人喜欢、欣赏，那就应该帮助孩子从小就培养这样的品质，而不是一直给孩子提供帮助，直到孩子失去独立、自主的能力。

那我们应该如何帮助孩子建立良好的品质和行为习惯呢？

良好的自制力

这个世界有很多诱惑，自制力是在未来人生中，非常重要的一种品质。一个从小成长在没有明确边界、规则环境中的孩子，自制力也不会太强。当然，既然自制力是一种自我控制的能力，那么，从小对自我掌控感比较强的孩子，也会更容易自制。

打个比方，小北的父母对小北管控非常严格，什么事情都不让小北去尝试，什么事情都包办，甚至小北无论做什么都得听父母的。那么，小北一定是个自我控制感比较弱，甚至是很难找到自己的存在感和价值。这样的孩子，更是无法指望他会有很强的自制力。

良好的时间观念

抽象的时间对于幼小的孩子来说是没有具体概念的，所以妈妈们可以让孩子先从认识钟表上的时间开始。当孩子认识了时间的概念以后，家长可以让孩子试着自己制定一天的时间计划表。

以下是我9岁的外甥女暑假期间给自己列的一个时间安排清单：

7:00　起床（和爸爸一起下楼锻炼）

7:30-8:00　吃早饭

8:30-10:00　英语学习

10:30-11:30　做暑假作业和一篇阅读理解

11:30-12:00　看书

12:00-13:00　吃午饭

13:00-14:00　休息

14:00-15:30　做暑假作业和写一篇作文

16:00-17:30　羽毛球课/游泳课

18:00-19:00　吃晚饭

19:00-20:00　玩（看电视或玩游戏）

20:00-20:30　看书（《三国演义》）

21:00　睡觉

听说这是她自己给自己安排的时间表，并且在严格遵守。我相信外甥女会拥有一个充实的暑假。

除了让孩子管理好自己的时间之外，家长还要以身作则，守时、不拖延。如果父母不能做到遵守时间的话，就更无法要求孩子遵守时间了。

有主见，有想法

孩子想玩过家家，你却非让他玩积木；孩子想看书，你却要带她下楼玩；孩子想学小提琴，你却非让他学钢琴。时间久了，孩子肯定没有主见。作为妈妈的我们，要尊重孩子内心的想法，只有被尊重，孩子才会越来越有主见。换言之，孩子的所有想法，你都予以否定，我想在不久的将来，你将会收获一个没有主见的孩子。

良好的阅读习惯

良好的阅读习惯对孩子一生受益无穷。很多妈妈说自己的孩子喜欢看电视、玩手机，根本不喜欢看书。实际上，孩子的阅读习惯和父母的重视程度有关。在一个家庭里，如果没有书，没有爱读书的人，那么这个孩子，也很难爱上阅读。所以，培养孩子良好的阅读习惯，首先要给孩子做个爱读书的榜样，并给孩子营造读书的氛围。

有目标，知道自己学习的目的是什么？明白自己将来想做什么，从小对孩子树立这种自我甚至超我的意识，对孩子的学习有非常大的帮助

自己的事情自己做

有一次早上上班，我在小区门口看到一个小学生，对着马路上正在为她叫的士的妈妈喊着：“你要是再叫不着车，我迟到了怎么办？”她那可怜的妈妈，背着女儿的书包，一手帮女儿提着早餐，一手不停地挥动，不停地跑前跑后拦车……

上学究竟是谁的事情？迟到了应该由谁负责？作为妈妈，为什么不能明白这个道理呢？要知道，自己的事情能不能自己做，才是孩子们竞争的起跑线。

聪明妈妈手记

作为妈妈，我们努力赚钱，勤俭节约，只为给孩子提供最好的生活条件。但是，比这更重要的是，我们应该教会孩子怎么成为一个有生活能力的人，怎么具备一些优秀的品质，这样才能保证孩子在未来的生活中过得富足而充实。

4 让孩子懂得尊敬父母

女儿是个小吃货，每次她吃东西的时候，我们都会说："宝贝，给奶奶吃一口，给爸爸妈妈吃一口。"小家伙最开始看看我们，可能没听懂我们说的是什么意思，但时间久了，这个小家伙儿每次吃东西时就会送到我们嘴里。大概八九个月的时候，她用鸭嘴杯喝水，突然举着杯子放到我嘴边，示意我喝水。一岁的时候，我们洗了葡萄给她吃，如用小手拿了一个，爬到爸爸旁边，把葡萄送到爸爸嘴里。

其实每次让女儿给吃的，也是希望她懂得分享，懂得感恩！也许一岁的孩子并不懂什么是孝道，但是我相信女儿以后一定是一个心疼爸妈的孩子。

有一次我去大姑家探亲，大姑的儿子（也就是我的表哥），已经结婚生子，但是表哥一家三口的一日三餐基本都是大姑在做。

中午饭，我和大姑在厨房准备午餐，表哥表嫂在客厅各自玩手机，表哥7岁的儿子在一边啃西瓜，一边看电视。

中午饭差不多准备好的时候，我把菜端到餐桌上，这时表哥的孩子，立刻就从沙发上弹起来，跑到餐桌前，看了一下有什么吃的，然后自顾自地吃起虾来。我说："奶奶还没有过来，你要等一下哦。"孩子并没有听从这个指令，继续吃虾。一顿饭下来，我发现，表哥和大姑说话几乎都是用吼的，他7岁的儿子也动不动就和大人顶嘴。大姑中年得子，对表哥的溺爱，已经让这个家庭没有长幼尊卑之分了。

古人有云："百善孝为先。"意思就是说，孝敬父母是各种美德中排第一位的，而孝道也是中华民族传统文化的重要组成部分。作为妈妈，教会孩子尊卑有别、长幼有序、尊重长辈、孝顺长辈，也是对孩子教育的重要课题之一。

给孩子立规矩

过去有个词，叫"规矩"。我对"规矩"最初的认识是小时候妈妈给我们立的规定。比如，开饭时要老人先动筷子，吃饭时不能敲碗、不可以咂嘴，见到长辈的时候要礼貌地打招呼，等等。我印象最深刻的是每年过年的时候，爸爸妈妈会在厨房准备摆放供奉的物品，这些物品是大年三十那天摆放在堂屋的桌子上供奉老天爷用的。妈妈告诉我，准备物品的时候，小孩子不可以进厨房；摆放出来的物品，大年初一之前，我们也是不能碰更不能吃的，因为这个是要给"老天爷"吃的。小时候的我，并不懂这些究竟是为什么，但是每年爸妈准备这些物品的时候，我都不敢进厨房半步，摆出来的物品我只会远观不敢近碰。因为这些，是妈妈告诉我必须要遵守的，小时候往往在不懂为什么的时候，就开始必须遵守了，这就叫规矩。

然而现在很多孩子都是家里的中心，在家里简直就是小皇帝，有什么好吃的，摆在第一位的是孩子；给孩子花钱大手大脚，在老人身上却舍不得花销，这样会给孩子造成全世界以我为中心的性格。以后在社会上，没有人像家里那样宠着他，孩子容易产生受挫感。

建立分享的思维习惯

不愿意分享是孩子的“本能”。在过去，很多父母会把“不分享”等同于“自私”，而现在很多年轻的父母，却并不刻意支持孩子分享，甚至会对想要分享物品的他人说“不”。

面对这两种现象，其实妈妈并不用太过于极端。强制孩子分享会造成孩子以后不敢拒绝，不敢说“不”。但是过于强调物品私有化，不和别人分享，会造成孩子过于自我，也会对以后的社会能力有所影响。分享本身是一件很美好的事情，所以，在尊重孩子的基础上，让孩子学会愉快地分享是最为合适的。分享也可以先从家人开始，逐渐引导孩子学会和家里老人分享、和爸爸妈妈分享。培养出孩子分享的习惯后，再引导孩子建立分享意识。这样，既不强迫孩子，又为孩子建立了“分享”的思维习惯。

建立合理有序的长幼关系

之所以说合理，是因为长辈和孩子之间的长幼关系，是应该建立在平等、互相尊重基础上。首先父母要尊重孩子的意愿和人格，孩子与家长是平等的。父母不能替孩子包办一切，更不能代替孩子思考。但同时也要培养孩子的大局意识，在一个家庭里，必然要有长幼之分，父母、老人才是这个家里的主事人，不能让孩子任性而为，长幼不分，主次不明。

让孩子理解父母的辛苦

在很多家庭里，爸爸妈妈为了能够给孩子提供更好的条件，日夜操劳，拼命工作，省吃俭用，但是对孩子却过分疼爱，总觉得孩子还小，这不让干，那不让做，生怕累到了孩子，花钱上也是由着孩子。然而孩子呢，却心安理得地享受这一切，觉得一切都是理所当然，也不能理解父母的付出。

所以，让孩子体会父母劳动的辛苦，让孩子明白父母赚钱的不易，是孩子成长过程中的必修课！

平时生活中，让孩子帮着做家务，适当带孩子体验一下艰苦的生活环境，或者是看看爸妈辛苦工作的场景，让孩子对生活多一些体验，这样孩子才会逐渐理解父母的不易。

父母要以身作则

小锦今年刚上幼儿园，就已经会有模有样地泡茶了。小锦的妈妈说：“自己平时爱喝茶，在家里也喜欢和婆婆一起喝茶。”有一天，婆婆过生日，女儿要求亲自给奶奶泡茶喝，温杯、醒茶、冲泡，操作得有模有样的，宛如一个小大人一般把茶端给奶奶喝。

教育孩子要尊敬长辈，以身作则是最好的方式。你尊敬长辈，孩子看见了，他将来就会有样学样；反之则相反。

聪明妈妈手记

培养孩子良好的行为习惯，尊敬长辈是重要的一课，所以在家庭教育中，父母要为孩子树立良好的形象，做个尊敬长辈、孝敬父母的好榜样。因为家庭关系会直接影响到孩子的认知和理解。另外，妈妈也要多引导孩子做自己的小帮手，放手让孩子去尝试做一些家务劳动，让孩子理解自己平时的付出也是不容易的。

5 放手让孩子体验劳动的苦与乐

我儿时的梦想是能买一台拖拉机。

小的时候，农耕机器还没有那么普及，有的村子全村就一台拖拉机，大部分家庭种地都是依靠人工和一头牛。

每年播种的季节，爸妈都会把家里那头平时舍不得用的老牛拉出来干活。牛在前面拉着，爸爸在后面扶着播种的机器，妈妈忙前忙后地往机器里添种子。看着他们步履蹒跚地耕种着，我觉得爸妈实在太辛苦了。

然而最辛苦的是收获的季节。每年秋天的时候是收获花生的季节，这是一个非常漫长的过程。首先，要将花生从地里一颗颗拔出来，然后需要一遍遍地翻晒，等到花生秧全部晒干以后，爸爸妈妈再用板车一车车地拉到平地上。有时候为了赶在下雨之前将花生全部拉完，爸妈就一天一夜不休息，一车一车地拉，直到拉完地里所有的花生为止。

当时，村里只有一台机器，排队都排不过来，看到别人家用机器，很快就干完了农活，而爸妈还在一车一车地辛苦往回拉花生的场景，我唯一的梦想就是能买上一台拖拉机，这样爸妈就不用那么辛苦了。

尽管物质条件在一天天地变好，种了一辈子地的爸妈，却还是舍不得放下农活。所以，每年国庆，在外工作的我和姐姐，都会急急赶回家，帮爸妈分担一些农活。起早贪黑，拔花生、脱壳、搬运、晾晒、装仓，得忙活一个多星期，累得腰都直不起来。但是一想到年迈的父母还在坚持做这些事，就尽自己最大的能力去分担。

随着生活条件逐渐变好，家里早已添置了拖拉机，还有其他农耕机器，然而劳作的辛苦却依然刻在心里。后来读书、工作，我依然是一个不怕吃苦的人。有时候为了一件事情能更好地推进、完成，可以达到忘我的工作状态。记得有一个项目，两个月里没有休息过一天，每天连轴转，直到项目结束，我才安心地睡了一个整觉。

这些坚毅的性格都是源于小时候对父母辛苦劳动的心疼，和这么多年来坚持回家帮爸妈干农活的体验。从乡间走到城市，相对于那些体力上的辛苦，生活中还有什么苦是我们吃不消的呢?

小萍是全职妈妈，育有一儿一女，她发现孩子的同学家长都把孩子送到校外培优，但小萍却是个少数派，她平时都是趁着周末或者暑假，带孩子去参加各种活动和下乡“农耕”，两个孩子从未上过培优班。

“学习当然重要，但那只是生活的一部分，孩子们对生活的认识，良好习惯的养成也不能缺失。”小萍说，由于自己的家乡在农村，所以小萍会在田间地头给孩子科普瓜果蔬菜的种植过程。孩子在大自然中玩耍的同时，也明白了“艰辛”是何物，明白了什么叫做“粒粒皆辛苦”。

这些年，随着城市化的不断推进，孩子们接触到农耕体验的机会越来越少，于是开始有不少家庭愿意带孩子去体验农活，让孩子多一份对农耕的理解和田间地头的快乐。

2014年，我带着七八个孩子去体验插秧。刚去的时候，家长都战战兢兢，有些担心孩子们下水，孩子们也哆哆嗦嗦地不敢下水，还有的孩子被妈妈用塑料袋将小腿一圈圈缠起来。然而，在孩子们进入水田后，一切都没有想象的那样糟糕。他们井然有序地插秧，浑身都是泥水也全然不顾，全程下来，没有一个孩子中途放弃，一直忙到天黑，孩子们也精疲力尽，一个个喊道：“原来农民伯伯这么辛苦。”

回程的时候，孩子们在日记里写道：“原来大米是这么种出来的，原来农民伯伯这么辛苦！我以后一定要把碗里的饭吃完，不能浪费。”不少家长也反映，这次农耕体验回来，发现孩子勤快了不少，竟然主动帮妈妈做事了。

如今，我每年也会带着孩子一起回去，体验农活。看到大人们日出而作日落而息，在田间地头忙碌的场景，孩子也开始认认真真地跟着我们像模像样地拔花生。

其实之所以让孩子们体验这些，一方面是因为老一辈人那种丰收的乐趣，到了我们这一代，已经慢慢变淡了，随着时间的推移，慢慢消失。我不想孩子对自己吃的食物从哪里来的都不知道，更不想她对劳作、丰收这些最本源的生活毫无认识和体验。这些对自然的敬畏，对农活的体验，对自己食物来源的认识，以及对劳动的尊敬，是无法从平时的言语教育中让孩子体会到的。

聪明妈妈手记

教育不只是言语的说教，更是亲自体验，亲身体验才是最直接的方式。偶尔带孩子去体验一下劳动的“艰辛”，让孩子在自然劳作的体验中，体会到生活的不易，同时也增强了孩子的动手能力。所以，尽可能创造条件，让孩子从小就自然而然地参与并热爱劳动。但是，切记，让孩子参与劳动是为了孩子身心的健康发展，不能过分而为之。

6 小劳动，大成长

让孩子从小做家务，不仅是为了减轻父母的负担，还可以促进孩子的全面发展，学到很多日常生活中的科学知识等，这些都为孩子以后的成长打下了基础。

美国哈佛大学的学者们在进行了长达二十多年的跟踪研究之后，得出了一个惊人得结论：爱干家务的孩子与不爱干家务的孩子相比：失业率为1∶15，犯罪率为1∶10；离婚率与心理患病率也有显著的差别。由此可见，让孩子接触家务，不仅是锻炼孩子的动手能力，还关系到孩子以后的成长和幸福。

那么，让孩子做家务，参与劳动，究竟有哪些好处呢？

会劳动的孩子更独立

孩子在一岁以后就有一些独立的意识，走路不愿意拉着你的手，吃饭不愿意让你喂，这些都是孩子最初的独立意识。那么从小让孩子学会自己动手，适当放手锻炼，可以减少孩子对家长的依赖，促使孩子自己独立，这样，孩子在以后的成长过程中会更加独立。

劳动可以促进智力发展

“心灵手巧”其实就是形容孩子手巧则心灵，手巧会促进心灵，心灵又带动手巧。劳动，对于孩子来说是手脑并用的活动，通过这些基本的活动训练，可以让孩子的双手和大脑协调发展，从而促进智力发展。而且经常劳动，可以使孩子的脑细胞得到更多的刺激，大脑越用越活，用得多了，孩子自然越来越聪明。

劳动可以增强孩子的体质

一些基本的劳动可以锻炼孩子的肌肉发展，锻炼身体的协调性。苏联教育家苏霍姆林斯基认为：劳动不仅使人“心地正直”，而且能使人“身强力壮”。关于劳动教育，他也明确指出，“劳动以外的教育和没有劳动的教育是不存在也不可能存在的”。他认为，如果一个学生进行10年制教育，仅仅教给他科学基础知识，从不让他接受劳动训练，而在毕业时把一把铲子交给他，让他开始劳动，那么这对于学生来说“是一个悲剧”。因为他在过去的10年里脱离了劳动，脱离了生活，精神生活是空虚的，没有劳动技能，没有做好生活准备，特别是没有劳动情感，这无论从社会对青年一代的期望来说，还是对青少年的个性发展来说，都是一种失败。因此，在他的教育实践中一向很重视劳动教育的实施。

促进孩子良好品质的形成

热爱劳动的孩子会更加珍惜劳动成果，以及对别人劳动成果的珍惜。同时让孩子认识到劳动对个人和社会的价值，让劳动创造价值、实现梦想的信念根植于内心，可以有效地培养孩子良好的性格品质，让他成为一个有价值的人。

提高孩子的学习能力

在劳动过程中，孩子会经常碰到一些难题，在解决这些难题的时候，孩子会从中学到经验，并在解决问题的过程中建立自信心，对孩子的专注力、学习能力的提升都有一定的作用。

爱劳动的孩子更会关心他人

让孩子知道自己不仅只享受别人的服务，还可以并应该为他人做事情。慢慢地，就能形成孩子换位思考、关心别人的品格。

培养孩子吃苦耐劳的精神

吃苦耐劳、热爱劳动，一直以来都是我们的传统美德，不能因为现在的生活好了，就让孩子失去这种品德。如果从小就好吃懒做、不爱劳动，长大了多半不能吃苦，谋生能力差，工作成绩平平。而那些勤劳的孩子，不管到什么环境，总是能更快地适应环境，尤其是成年以后，特别能干，工作出色，生活也很美满。

做事情更有条理

别看简简单单的劳动，如何做好可是一门学问。从开始的计划，中途的实施过程，到完成后小小的成就感，都需要孩子独立的判断和分析，所以劳动更能促使孩子做事情条理清晰。如果孩子在做家务的时候，比其他孩子做得更利索、更有条理、更高效，证明他在观察能力、学习能力以及逻辑思维方面具有明显的优势。

聪明妈妈手记

无论我们是养男孩，还是养女孩，呵护孩子都要有度，否则过犹不及。因为孩子总有一天要离开我们，独立生活。俗话说得好，“自己动手，丰衣足食”。为了孩子的将来，一定要试着让孩子爱上劳动。

7 你让孩子进厨房了吗

很多妈妈平时带孩子的时候，很少让孩子进厨房。一旦孩子想来厨房围观妈妈做饭的时候，就会被推出去，然后妈妈们会说："别进来、别进来，妈妈在做饭，去客厅玩儿去。"殊不知，对于孩子来说，厨房可是最好玩的游乐场。那些瓶瓶罐罐、锅碗瓢盆，还有妈妈叮叮当当做饭的声音，都好玩极了。

其实不仅仅是孩子觉得厨房好玩，让孩子参与到做饭的过程中，还有很多好处呢。

有一个美国男孩，8岁开始做饭，16岁的时候就出版图书《烹饪风暴》。在日本，也有很多关于厨房教育的图书。为了让孩子学习技能、培养智能，很多家长带着孩子一起，到专门的亲子料理教室去参加学习。在那里，孩子们带着小围裙、小袖套，在老师的指导下学习如何淘米、洗菜、打鸡蛋、切菜，等等。

感官探索

糖是甜的，盐是咸的，醋是酸的，这些都可以在厨房得到体验和验证。孩子在厨房玩耍的时候，尝一尝酸酸的西红柿，舔一舔咸咸的盐，闻一闻酸酸的醋，这些没有安全问题的尝试，有助于提升孩子的感官体验。

另外，让孩子知道，大米是白色的，黄瓜是绿色的，西红柿是红色的，胡萝卜是橘色的，这些都比识图卡片教学直观得多。

记得有一次我在厨房热馒头，好奇的女儿很想摸一摸。我告诉她烫，但是如果不通过碰触，女儿无法理解什么是烫。女儿的小手摸一下后，条件反射让她赶紧把手收了回去，从此便理解了“烫”的感受。同样，我从冰箱里拿出冷冻的食物时，也会鼓励女儿摸一下，这个小家伙儿从此便理解了什么叫作“冰”。有一次在饭桌上，爸爸盛了一碗汤准备喝，还不会讲很多话的女儿竟贴心提醒到：“爸爸，烫。”生活中的一些感官体验，如果不让孩子亲身去体验，而只是通过语言来教育，那孩子永远都无法真正理解。放手让孩子去体验，才有助于提升他的感官认识和对未知世界的探索。

学会独立的生活

有一天早晨，我去菜场买菜，碰到一位邻居婆婆，跟婆婆边走边聊天。“现在的年轻人能来菜市场买菜的不多了，我家儿媳妇别说来菜市场了，厨房都没进过。”婆婆一路诉说现在年轻人生活自理能力太差，动不动就点外卖，或者出去下馆子。

分开后，我一直在想，很多人不愿意进厨房，也许一方面是因为没有这个兴趣，另一方面是因为有公婆、爸妈“伺候”着。如果有一天，需要我们独立生活，那一日三餐怎么能全靠外卖、下馆子解决呢，这样既不健康，也失去了居家生活的乐趣。

所以，从小培养孩子动手做饭，掌握一定的生活技能，有助于孩子将来的独立生活能力，同时也更加有安全感。

培养孩子的劳动习惯

如果一日三餐都是带着孩子去饭店吃，或者是点外卖，容易养成孩子好逸恶劳、贪图享受的性格。制作美食的过程，本身就是一种享受，所以应该让孩子切身感受到这个过程。让孩子懂得，如果想享用美食，是需要付出一定劳动的。而这种劳动首先是要去购买食材，再自己加工，然后再动手制作，这样才能变成可口的食物。而那些只会饭来张口的孩子可能会认为，只需要点外卖，美食就会自动送上门来，这对于孩子良好习惯的培养是十分不利的。

锻炼协作能力

“宝贝，帮妈妈淘个米”“宝贝，帮妈妈洗下青菜”“宝贝，帮妈妈拿一下酱油”……做饭的时候，让孩子帮帮忙，一方面可以让孩子感觉到自己是被需要的，另一方面也可以锻炼孩子的协作能力。在有效的时间里，两个人如何更好地一起完成这项工作，是一件非常有趣和有意义的事情。

增强孩子的安全意识

厨房虽然好玩，但安全问题不可忽视。在孩子进厨房之前，要和孩子约法三章。不可以在厨房里乱跑，不能碰刀具，油炸的时候保持距离，等等。最好的安全教育不是让孩子完全隔离危险的东西，而是让孩子明白什么是危险，如何避免危险。这些都是妈妈随时随地可以给孩子上的安全课。

美好的亲子陪伴

我记得女儿一岁时，还不会走路，每次我做饭的时候，她都会从客厅爬到厨房，好奇地看我做饭。后来我干脆把她的餐椅搬到了厨房门口，让她坐下来好好观看。记得最好玩的就是她帮我一起“择菜”。一把青菜，被女儿“仙女散花”般地撒满一地，小家伙儿模仿我择菜的样子，把青菜秆子一段段地掰下来，掰下来的时候还不忘给我展示一番，我说：“宝贝真棒，都可以帮妈妈做家务了呢。”然后她就手舞足蹈地乐起来，特别开心。择菜的时候，女儿还时不时地尝一尝菜的味道，看着小家伙忙活的样子，无比可爱。

我们总在想如何才能给孩子最好的陪伴，而这种简单却温馨的相处方式，何尝不是一种最好的陪伴呢。

聪明妈妈手记

孩子从三岁以后，身体的活动能力就已经比较强了，他们渴望扩大独立活动的范围，并不断尝试去独立完成新的事情。而三岁以后的孩子也是建立自我意识的关键期，所以让孩子走进厨房，让他感到自己是被信任和依靠的，这对孩子的安全意识、自信心，以及动手能力的培养，都非常有帮助的。

8 你和孩子分床睡了吗

和朋友佳佳聊天，她苦恼地说："儿子今年读小学五年级，已经是10岁的小伙子了，还不愿意跟我们分床睡。斗智斗勇，各种方法都试了，一直没有成功让他独睡，这样一直下去，真不是个事儿……"

其实对于每个妈妈来说，随着孩子的成长，都会出现一些需要分离的事情，这些分离都会比较艰难。分床让孩子独睡，也同样需要一个过程。

从心理学角度看，分床睡有利于培养孩子独立生活的能力，让他感到自己逐渐"长大了"。同时，还有利于孩子的心理成长，比如独自克服对孤独和黑暗的恐惧等。孩子在一个人入睡的过程中，会发现黑暗其实并不可怕，还能渐渐地学会管理自己的情绪。

那么，什么时候分床最合适呢？

有专家建议，四岁左右是分房睡的最佳时机。因为四岁以下的孩子晚上更需要照顾，和父母在一起睡比较安心。也有的妈妈会选择在孩子上幼儿园的时候进行分房独睡，其实这样并不太好，因为入园本身就是一次分离，再加上分房独睡，会让孩子压力更大，感到焦虑。等到孩子在幼儿园适应一年左右的时间，情绪上和生活自理能力相对独立时，再选择分房独睡是比较合适的。

另外，妈妈最好不要强制孩子独睡，因为如果强迫，会造成孩子的情绪波动，容易做噩梦，害怕黑暗、孤独，等等。

那如何合理地引导孩子独睡呢？

跟孩子提出独睡的想法

选择一个恰当的时机，跟孩子提出让孩子独睡的想法，并当成一个目标，鼓励孩子去实现。很多孩子被要求独睡时，会有这样的想法：爸妈是不是不再爱我了，不要我了。所以，妈妈一定要解释清楚：分开睡是一个人成熟、长大的标志，是勇敢的象征，每个人都会经历这个过程，鼓励孩子去尝试独睡。

和孩子一起布置新房间

让孩子充分地发挥想象力，把房间布置成自己想要的样子，满足他的小愿望，让他觉得这里是自己独自的小天地。

睡前陪伴不能少

睡前时间，就是妈妈陪伴孩子的“黄金时间”。即使和孩子分房独睡，每天的睡前陪伴也是非常重要的。给孩子讲故事、读绘本、聊聊天，直到孩子安然入睡，这些都是帮助孩子缓解独睡焦虑的好方式。

给孩子找个“伴儿”

如果孩子需要，可以帮孩子找一个喜欢的“伴”，比如一个娃娃或者是一件孩子喜欢的小衣服，这些都有助于让孩子减轻焦虑。或者是让孩子试着照顾好这些“伴儿”，也会有利于增强孩子的责任意识，早点适应独立。

小米的妈妈在跟小米提出分房独睡的时候，帮小米找了个她平时非常喜欢的芭比娃娃，并告诉小米：“以前都是妈妈照顾你，从今天开始，你是个独立的大宝宝了，也要试着照顾好你的小伙伴哦。”小米非常认真地点点头答应了妈妈。睡觉的时候，小米把芭比娃娃放在床头，还不忘了给芭比娃娃盖个小衣服，怕娃娃着凉了。

循序渐进地引导

和孩子分房独睡，千万不要急于求成，这样只会让孩子产生恐惧、焦虑的心理，甚至难以克服。

尝试独睡的时候，孩子可能会出现反反复复的现象，也可能会睡到半夜就跑到父母的大床上，不愿意回自己的房间，这个时候妈妈千万不要责怪孩子，让孩子感到紧张，但也不要就此放弃，让分房独睡前功尽弃。这个时候妈妈可以尝试把孩子送回房间，陪伴他重新入睡，多尝试几次，孩子自然就会慢慢习惯独睡。

聪明妈妈手记

习惯是一点一滴慢慢培养起来的，而分床独睡是培养孩子独立习惯的一种方式。所以，在不伤害孩子幼小心灵的情况下，让孩子适应独睡，让孩子早日学会独立、自主。但这需要慢慢地过渡，更需要妈妈一点一滴的努力。

陆

放手，让孩子成为社交小达人

孩子到了三岁以后，开始接触外面的世界，这个世界给孩子的启蒙是家庭教育无法替代的。孩子要学会如何跟别的小朋友打交道，如何妥协，如何更好地沟通，只有这样，才能拥有自己的玩伴。

1 “佛系娃”不爱社交怎么办

果果是邻居家的孩子，今年三岁。两家熟悉以后，果果就经常到我家来玩。每次邻居让她跟我打招呼的时候，这个小女孩都是害羞地躲在妈妈身后；玩游戏的时候，也是自己玩自己的，很少跟我女儿互动。邻居常跟我抱怨说：“这孩子性格太内向了，胆子小，我真不知道怎么办才好。”

聊天的时候，我示意邻居小点声，以免被孩子听到。

其实像果果这样的孩子有不少，他们并不是性格有什么问题，也不是自闭，只是有些害羞。这样的孩子，有一部分是遗传的因素，另一部分就是跟家庭教育和孩子所处的环境有关。现在这个社会，对人普遍要求是要有很强的社交能力。如果你的孩子是个性格内向的“佛系娃”，妈妈们也不要着急，积极地引导，差异化的教育方式才是最明智的做法。那如何才能更好地引导“佛系娃”呢？

不要“贴标签”

我们在前文中提到过，不要轻易给孩子贴标签。有些妈妈和老人，看到孩子不爱跟别人打招呼，不喜欢社交，就会当着孩子的面跟别人说“我们家孩子太内向了，太胆小了！”之类的话，这类似标签的语言，会让孩子认为自己不打招呼是一件很不好的事情，认为自己是有问题的，这样会让他们在心理上更加自卑。甚至时间久了，孩子干脆躲在标签的保护下，认为：我就是一个胆小的人，我就是不喜欢和别的小朋友玩。久而久之，他们更加不愿意和外界接触了。

“佛系”不是缺点，是特点

“佛系”和害羞都不是缺点，只是孩子身上的特点。每个孩子出生都有他独特的特征，所以作为妈妈，不必过分纠结孩子胆小、害羞、不愿社交这些问题。性格都是有两面性的，不愿意社交的孩子，也许专注力更强，注意力更集中。平时要善于发现孩子身上的优点，根据孩子不同的特质进行差异化培养。

适应孩子的世界和节奏

孩子在面对新环境和陌生人的时候，不愿意打招呼，或者不愿意主动去玩耍，这个时候妈妈不要去强求，让孩子有个适应的过程。在这个过程里，陪伴和引导孩子，让他觉得自己能够被理解。

另外，如果孩子真的不喜欢外面的环境，那就让他安安静静地在家玩游戏，或者是做一些其他的事情，也许你会为他出众的专注力感到骄傲呢。

不要过度保护孩子

不要对孩子有一些行为上的过度保护，比如走路的时候怕磕着，跑步的时候怕摔着，然后不停地在后面提醒。时间久了，会让孩子以为这个世界处处充满危险，不愿意去主动探索，最后就会变得越来越胆小。

允许孩子有陌生人焦虑

孩子从出生的几个月开始到两三岁，都会持续有一种陌生人焦虑的情感，一般在孩子四五岁的时候会逐渐消失，这是孩子正常的心理发展历程，所以不必过于担心。尊重这种心理发展，不强求、不批评，让孩子自然过渡完这个过程，等到孩子大一些了，自然就会有所改变。

我记得女儿九个月的时候，在奶奶的调教下，学会了做几个手势，双手抱拳是“恭喜恭喜”，小手挥一挥是“拜拜”。有一天，婆婆带着孩子从外面回来，幽幽地说：“这孩子，在家做手势做得很起劲，出去就不愿意了。我让她跟别人拜拜，她就是不配合。”

我安慰婆婆不要着急，小孩子配合我们的时候可以多鼓励，如果她不高兴做，千万不要勉强。

不要替孩子说话

出门碰见熟人跟孩子打招呼：“宝贝出去玩吗？”

还没等孩子开口，你就说："快跟阿姨说，是呀。"

别人问："宝贝今年几岁了？"

还没等孩子开口，你就先答："快跟阿姨说，四岁了！"

整个过程中，孩子没有说话的机会。然后你又在熟人面前抱怨一句："这孩子太不懂事了，阿姨跟你说话，你怎么不回答呢。"

时间长了，请问哪个孩子还愿意说话呢？

信任孩子

没有父母是完美的，孩子也是，没有完美无缺的孩子。接受孩子的性格特点，信任孩子，对于孩子来说更加重要。只有给孩子足够的信任和安全感，他才会把你当成一个安全的基地，作为他探索的出发点，勇敢地去探索外面的人和事。

用积极的情绪来引导

女儿很小的时候对一些玩具比较恐惧，如果这个时候我用轻松愉快的语气告诉她，这个玩具很好玩，很有趣，你要不要来试一下呀？这时，女儿便没有那么害怕。但是如果你用担心或者焦虑的语气告诉她，这个很可怕，你怕不怕，那孩子原本有好奇的想法，也被妈妈的这种紧张情绪影响，不愿意去尝试了。

孩子对一些未知的事情是没有概念的，所以在引导孩子的过程中，你的情绪、语气、一举一动都直接影响着孩子。心理学家发现，婴儿在面对不确定性时，会主动从可信赖的人那里寻求信息，这个人的情绪表现会影响婴儿对陌生人或者陌生环境的判断，这种现象称为社交参照。

寻找气味相投的小伙伴

“佛系”的孩子和过分活跃的孩子在一起，可能会有不适感和压迫感，而与相同性格的小伙伴相处会让他觉得更加舒服。所以，在孩子社交过程中，妈妈有选择地为孩子选择意气相投的小伙伴，会让孩子感到更加自在、更加舒适一些，这也是对孩子喜欢社交的一种引导。

你的行动比什么都重要

想让孩子变得更善于社交，你的一举一动也是最好的参照物。遇见邻居时热情地打个招呼，或者露出一个友好的笑容；当别人给你帮助的时候，真诚地说一声“谢谢”。这些一举一动，孩子都会看在眼里。不要求孩子，只做好自己，慢慢地，你就会发现孩子的变化。

聪明妈妈手记

无论孩子是什么样的性格特质，作为妈妈都不要有过分的焦虑。保护好孩子的内心世界，多鼓励孩子尝试一些新鲜的事情，鼓励他勇敢地去触摸这个世界，让孩子知道，妈妈永远是他的安全基地，永远会陪着他慢慢长大。

2 同伴有冲突，妈妈怎么做

哪里有“江湖”，哪里就有纷争，孩子之间也是如此。

前一秒钟还在亲密无间地玩耍，下一秒钟已经开始打闹起来，再下一秒又和好如初，快乐地分享。

孩子是天生的社交家，刚出生一个月的小婴儿，看到其他的婴儿，就会产生一些兴趣。从六个月开始，孩子就会喋喋不休地说出一些我们听不懂的语言。我记得女儿八个月的时候，和一个与她年龄相仿的小伙伴一起玩，两个小女孩你一言我一语说着我们都听不懂的“火星语”，聊得热火朝天，还配合一些手势，相互之间交换玩具，特别有意思。

等孩子到了三岁以后，就开始喜欢和其他的小伙伴一起玩耍了。并且玩的游戏也越来越复杂，像过家家、警察抓小偷、医生给病人看病等，游戏越复杂说明孩子的社会能力进步越大。

著名的格兰特研究，通过对268个人长达75年的追踪，揭示了幸福的秘诀：友情和亲情对幸福来说至关重要。亲人和朋友的情感能够支持人们冲破人生的种种艰难险阻，并持久地享受幸福的甜美。

通过这些研究对象发现，经济上的成功主要取决于是否和周围的人都有良好的关系［原文的表述是“关系的温暖程度”（Warmth of Relationships）”］，而且在一定程度上，和智商的关联不大。具体说来，那些在“温暖关系”指标上得分最高的人们，他们的年薪水平明显高于平均水平。智商处在110～115的实验对象和智商高于150的实验对象在收入上没有明显差异。

从这项神奇的研究我们不难看出，一个人生赢家，往往有着良好的人际关系；而我们内心深处最大的幸福感，也是来自良好的人际关系。

而良好的人际关系则是建立在儿童时期。3～6岁是孩子人际交往能力建立的关键期，这期间妈妈们要让孩子充分地与其他同龄人接触，让孩子在同龄人之间产生的冲突和解决冲突的过程中学习和矫正不正确的行为模式。不过，孩子虽然天生会社交，但是在现实生活之中，很多孩子往往不知道如何处理与同伴之间的矛盾和冲突。

作为妈妈，我们应该如何引导孩子解决冲突，建立良好的人际关系呢？

放手型

孩子之间的冲突，如果不严重，妈妈这个时候可以在旁边观察而不介入，让孩子自己解决这些小问题。通过这些小冲突，也能让孩子得到一次很好的学习机会，比如学会协商、妥协、沟通等技巧。

丹丹和小明，住在同一个小区，也是同班同学，所以周末两个妈妈经常带着孩子一起玩耍。有一次，丹丹突然哭了起来，原因是小明不小心把她的贴纸掉在水盆里了，贴纸是丹丹新买的，她伤心极了。

“小明，我再也不想跟你玩了！”丹丹大声地说。

这时，两个妈妈都没有做出反应，只是在旁边观察着。

“我又不是故意的！”小明也很委屈。

两个小朋友都嘶着嘴，不再理对方。过了一会，小明把自己的溜溜球拿出来递给丹丹，我赔你这个吧，可好玩了。丹丹开心地玩起了溜溜球，两个孩子又愉快地开始玩耍了。

在这个过程中，两个妈妈都没有说过一句话，而是放手交给孩子自己解决遇到的麻烦。

引导型

关于这一点，二胎妈妈玲子做得非常好。玲子的大宝马上读小学，小宝三岁半。有一天，我去玲子家做客，突然看到小宝哭着跑来跟妈妈告状：

“妈妈，哥哥不给我玩他的小汽车，还打我……呜呜呜……”话还没说完，小宝委屈地哭起来。

玲子问到：“小宝，那是哥哥的汽车，对不对？”

小宝一边哭一边答道：“是的，可是我想玩！”

玲子又问：“你想玩，所以你想拿走哥哥的小汽车，是吗？”

“嗯！呜呜呜……”小宝继续哭。

玲子又说：“那你可以用其他办法，让哥哥给你玩小汽车吗？”

“呜呜呜……”小宝继续哭。

“宝贝，你再想一想，你肯定有办法可以拿到这个小汽车的。”

小宝停止了哭声，抹着眼泪走到大宝跟前。“哥哥，如果你给我玩小汽车，我会把我的蜘蛛侠模型送给你玩，可以吗？”

大宝也非常喜欢蜘蛛侠，于是很爽快地把小汽车给了小宝。不一会儿，就看到大宝在乐此不疲地玩蜘蛛侠飞跃游戏，而小宝在开心地玩小汽车。

两个孩子之间有了冲突，玲子没有对孩子大吼一句，也没有让大宝必须让着小宝，家里也没有出现“鸡飞狗跳”的场景，她温柔巧妙地让孩子自己去面对冲突，并在这些冲突里学会思考和解决问题，如何站在对方的立场去考虑问题。为玲子的智慧点赞！

转移注意力型

女儿小的时候，如果不小心磕到、碰到哭了起来，只要不严重，我一般会转移她的注意力。这个方法非常有效。而这个方式也同样适用于调解孩子之间的冲突。

有一次，邻居家的小女孩和女儿一起玩耍。过了一会儿，两个孩子都大哭了起来。原因是她们在争一个钓鱼玩具。看到两个小朋友都大哭起来，我拿起这个玩具，嘘了一声，然后说：“咦，你们知道这根小木棍为什么可以把小鱼钓起来吗？”

两个小朋友立即止住了哭声，带着疑问的眼神望着我。我又开始神秘地讲解起来：“你们看，这些小鱼的头上都有一个什么呢？”这时，两个小朋友都赶紧把小脑袋伸过来看小鱼身上有什么。

“你们看，这里原来是一小块磁铁，这个绳子上，有一块吸铁石，两个碰撞在一起，就可以钓起来小鱼了。”我又说道。

两个小朋友，这时早已忘了刚才的不愉快，开始饶有兴趣地研究这些小鱼了，自然而然地和好如初了。

共情型

和小伙伴有冲突，孩子很伤心，哭着来找妈妈。这个时候妈妈可以第一时间询问孩子发生了什么事，安抚好孩子的情绪。比如，“你现在很伤心对吗？”“妈妈知道你很伤心”之类的语言，让孩子感受到，你是理解她的情绪的，然后再做进一步的引导。

聪明妈妈手记

当我们看到孩子和其他小伙伴有冲突的时候，先不要急于去加以干涉，而是先判断情况的严重程度，根据不同的情况，做出不同的反应。在这些冲突中，让孩子学会如何表达自己的想法和感受，如何理解他人的感受，如何沟通和解决。

3 给孩子为自己解释的机会

初中的时候，我经历过一件终身难忘的事情。

当时我们是住校，8个女生住在一间宿舍。有一天，宿舍的小敏说她丢了东西，并把这件事告诉了宿管阿姨。宿管阿姨是一位四十多岁的中年女人，说话嗓门很大，而且性格粗暴。

小敏丢东西的第二天晚上大概8点钟时，宿管阿姨突然来到我们寝室，大声地说：“已经睡了的同学，都给我起来。”当时我已经入睡，被这个大嗓门瞬间惊醒了。“我现在要开始做一个测试，因为你们这个房间，有人丢了东西；测试的方式就是你们每个人都轮流站在寝室的中间，让我观察一会儿，谁比较紧张，那谁就是小偷。”宿管阿姨大声地说着。

当时是冬天，非常冷，刚从梦中惊醒的我还没有搞明白怎么回事，就从暖和的被窝里爬出来，站在寝室中间，整个人冻得哆哆嗦嗦。宿管阿姨盯着我看了半天，她说：“你为什么这么紧张？”

“冷！”我回答。

“是因为你偷了别人的东西吧！”宿管阿姨继续大声地质问我。

“没有！”

“我给你一晚上的考虑时间，明天自己交给我！”宿管阿姨测试完我们，当着所有人的面，丢给我这么一句话，扬长而去。

那晚，我彻夜未眠，委屈的眼泪打湿了整个枕头。我没有偷，可是为什么我连解释的机会都没有。

第二天，我给家里打电话，爸妈赶紧来到学校，看到妈妈的那一刻，我眼泪夺眶而出。

妈妈把我揽到怀里，等我哭完，她问我：“妈妈相信你一定没有拿别人的东西，你可以把事情的详细经过告诉我吗？”

随后，父母要求学校彻查这件事。后来才得知，小敏的东西不是被偷了，而是她自己不小心放错了位置，她后来又找到了。

时隔这么多年，再想起这件事，我依然内心有些颤抖。一件并不复杂的事情，被一个不合格的宿管阿姨变得复杂化，随意涂抹别人的世界，歪曲事实，主观判断，给别人造成了伤害。

我唯一应该庆幸的是这件事不是发生在我和父母之间。然而现实生活中常常会有这样的情况发生：孩子犯了一个小错，妈妈不分青红皂白，对孩子的行为做出评价和斥责。

作为妈妈，我们在和孩子沟通的过程中，应该注意那些呢？

孩子的世界是单纯的

有一次，我在路上碰到一对母女正在走路，小女孩突然停了下来，对妈妈说："妈妈，今天有风。"

"有风你就不想出去跳舞了是不？你底子本来就差，还不想去跳舞，那怎么赶得上别人呢！"

小女孩停了一会，没吭声。妈妈继续催促，这点儿风你就不想去了，快点走。

又过了一会儿，小女孩紧紧攥着手里的小风车，小声地说："没有风，我的风车就转不起来了。"

孩子的世界是单纯的，他们在说出一些话，或做出一些事情的时候，往往没有成人想的那么复杂，然而成人却往往通过自己的主观判断而误解孩子。所以，在孩子面前，耐心一点，学着倾听孩子的世界，而不是凭自己的主观判断，来揣摩孩子的意图。

孩子是犯错专家

孩子是天生的犯错专家，从开始具备行动能力的时候，就开始搞"破坏"，再大一些，破坏能力又"增强"：动手打邻居家的小妹妹，把同学的小书包扔掉，把幼儿园里的东西拿回家……很多事情，也许孩子自己无法去判断对与错，面对这些表现，妈妈也没有必要全部采取零容忍的态度，甚至连改正的机会都不给，就把孩子说教一顿。我们首先应该想一想他为什么要这样做？他的预期是什么？他的目的又是什么？我们探求清楚孩子的行为之后，再从源头上解决孩子这个行为问题，而不是一味地斥责。

比如，有的孩子犯错误，是想引起别人的关注，或是强调自己的存在感，那妈妈这个时候要思考孩子平时是否缺少陪伴和关注。然后再对症下药，慢慢地引导孩子，改正这些不好的毛病。再如，孩子拿幼儿园的东西，在孩子的世界里，他可能并不认为这是偷。这个时候妈妈可以问孩子为什么要拿幼儿园的东西，是因为喜欢吗？问清楚后再教育孩子，哪些东西是自己的，哪些东西是别人的，是不可以拿的，一步步地引导的孩子有规则意识，再做出改正。

少一些武断，多一些倾听

我记得小时候，我的邻居家有三个儿子，二儿子是最调皮的一个。也是被他妈妈打骂最多的一个孩子。有一天，邻居家丢了50元钱，这位妈妈憋着一肚子气，等二儿子回来后，不由分说地把二儿子暴打一顿。后来才知道，这个孩子的确拿了50元钱，但是这些钱他是拿去给重病的爷爷买水果吃的。然而这个妈妈并没有问过孩子为什么要拿钱，也没有给孩子解释的机会，而是用一顿暴打来解决问题。

给孩子留一些面子

灵灵过生日，邀请了几个同学一起唱歌。这时，灵灵的妈妈突然跟女儿说："你唱得不好听，没有你同学唱得好听，你看她唱得多好听。"灵灵妈妈这不走心的一句话，使灵灵在同学面前很尴尬，感觉丢了面子，也伤了灵灵的自尊心。后来，听说灵灵再也不愿意唱歌了。

给孩子解释的机会

“你怎么每次都不改，上次你就这样……”这种翻旧账的教育方式会让孩子产生严重的抵触心理，甚至是逆反心理。我们每个人都不希望被别人提起不好的过去，孩子也是。难道他每次都是错的吗？我想不是。一味地提及过去只会导致孩子更加消极，觉得自己一无是处，让孩子觉得，反正都是错的，又何必去学好呢？于是，坏孩子就真的出现了。所以，妈妈们一定要给孩子一个解释的机会。

勇敢地说出来

不管发生什么事，给孩子一个机会，让他说出到底发生了什么事儿。而让孩子“闭嘴”“住口”是一种最无力的教育方法。时间久了，会让孩子失去自我表达的能力，对于孩子的伤害也是无法弥补的。因为作为父母，我们从权威上、从本质上就否定了这个孩子，怎么还有让他表达自己的机会呢？

聪明妈妈手记

平时多倾听孩子的解释，不仅是赏识、信任孩子的体现，更是孩子应该有的权利。但是当孩子出现了撒谎、狡辩的行为，我们就应该严肃地告诉他，这是不被接受的行为，并给他讲清楚撒谎的害处。

4 如何培养孩子分辨善恶的能力

网上曾有这样一则新闻：“一位单身妈妈控诉某网站UP主引诱10岁女儿”的事件，事件的过程大概是这样的：

一个魔兽骨灰玩家的单亲妈妈，可能自己也是比较开明，所以在孩子接触网络方面，并没有过多地干涉。

后来，她慢慢发现，女儿越来越不对劲，经常半夜在她睡着之后偷拿手机玩，早晨醒来手机会在她枕边。但是，这个单亲妈妈在看了孩子的聊天记录之后，彻底愤怒了。原因是，一个15岁的初中生、一个UP主和女儿“老公、老婆”喊得火热，还让女儿给他买白丝袜，让女儿养他，等等。这位愤怒的妈妈联系到这位男孩，没想到这个男孩却无所谓地说：“玩玩而已，这么生气干嘛。”

看到这件事情，我们在愤怒的同时，应该思考一下：这个女孩，在她成长的过程中，在家庭、学校受到过分辨善恶的教育吗？

如果说这个女孩还小，不能明辨是非，那这个15岁的男孩为什么又能说出如此轻浮狂妄的话呢？

由于孩子年龄小，好奇心强，所以明辨是非善恶的能力有限，很容易是非混淆、善恶不分。所以，作为孩子的第一任也是终身老师的妈妈，一定要教会孩子分辨善恶是非，培养孩子的知耻心。因为，只有孩子学会了明辨是非善恶，才会知道哪些事情可以做，哪些事情不能为，才不会误入歧途，才能少走一些弯路，少受一些伤害。

给孩子做好榜样

处在黄金期教育的孩子，是受父母影响比较大的。家长的行为习惯，孩子最喜欢模仿，如果家长没有一个很好的行为准则，不明是非，不分善恶，那么孩子自然也会学到一些不良的行为。

曾有一位教育专家表示：“‘熊孩子’之所以会有这样的表现，与父母长期以来的家庭教育是密不可分的。”所以，孩子怎么样，关键看家长，家长的纵容是“熊孩子”的庇护所。

球球和笑笑暑假在家待着无聊，跑到住家楼顶往下扔石子。楼下的住户看到后，急忙去楼顶制止，本来两个“熊孩子”淘气，交给大人教育一番就是。结果当楼下的住户找到这两个“熊孩子”的父母时，对方却说：“又没有砸到人，别大惊小怪的，吓着孩子了。”

然而，同样是不懂事的孩子，从24楼往下扔哑铃，孩子父母知道以后立刻在业主群里向大家道歉，还带着孩子一家家的上门赔罪，并赔偿被砸坏的地面等费用。

所以说，父母对孩子的影响是非常大的，不管是良性还是恶性，都会影响孩子的一生。所以，一定要给孩子正确的家庭教育。

生活即教育

生活过程中，爸爸妈妈和孩子接触得最多，所以可以从一些小事情上对孩子进行引导、教育。比如，孩子挑食的时候、破坏花草树木的时候、等红绿灯的时候、动手打别的小朋友的时候，这些都是教育孩子是非观念的良好机会。教育无处不在，家长的引导也要无处不在，通过生活中这些细节，让孩子明白哪些是对的，哪些是错的，哪些是可以做的，哪些是不能做的。这样在无形之中，为孩子建立了良好的行为准则。

教会孩子善良

有的家长甚至说："孩子不能太善良，不然以后会被欺负的。"我想反问一句："难道你把他教得不善良，就不会被欺负了吗？"

担心孩子被欺负就阻止孩子成为一个善良的人，这是一个杞人忧天的想法，这个想法不仅影响自己，还影响孩子。物以类聚，人以群分，如果孩子善良，那么他接触到的人和事自然都是充满阳光的。我从来没有听说过，因为谁是一个善良的人，而没有人愿意跟他做朋友。

和孩子一起阅读

中国有很多的传统经典，如《弟子规》《朱子治家格言》《德育启蒙》《增广贤文》等，大多都在讲什么是善、什么是恶。

《弟子规》虽然通篇只有1080个字，360句，然而长期学习弟子规的孩子对善恶会有一种觉察力，明白怎样做人才是对的。

现在市面上也有众多教孩子认知的绘本图书，家长都可以陪孩子一起阅读。从这些字里行间，明白是非善恶的评判标准，自然对各种各样的行为有敏感而清晰的判断能力，能很好地把握自己和选择良善的朋友。

给孩子爱和安全感

在生活上，妈妈的爱给孩子的是安全感，爸爸的爱则给孩子的是信心和勇气。1～7岁是孩子成长最关键的时期，如果父母缺席，将造成不可弥补的损失，没有父母的关爱，孩子对这个世界也很难有充分的安全感和信任感，面对善恶是非，也很难有一个良好的判断和认知。

知错就改

小孩子往往缺乏明辨是非的能力，所以经常会有做错事的时候。此时，妈妈一定要引导孩子明白自己这样做是错的，错在哪里，并有勇气认识自己的错误，不能因为害怕惩罚，害怕承担后果，就掩饰自己的错误。

聪明妈妈手记

如果把是非善恶比作一把尺子，妈妈在教育孩子的过程中，不是随时用这把尺子来帮孩子丈量事情的对错、人性的善恶，而是应该教会孩子如何使用这把尺子，如何评判事情的好与坏、对与错、善与恶。这样孩子才能在以后的人生道路上怀揣着这些标准，成长得更正直。

5 你家孩子有嫉妒心吗

前一段时间，一则“姐姐把刚满月的二胎弟弟扔下楼”的新闻，震惊了所有人，事情的经过是这样的：

宝妈突然肚子疼，着急要上厕所，就交代六岁的大宝女儿看好在床上熟睡的弟弟。宝妈刚上完厕所，还没有走到房间就听到“砰”的一声巨响。匆忙跑去房间看，妈妈下意识地看了看窗外，差点就惊厥过去：自己八个月的小孩就这样活生生的被自己的亲生女儿从八楼狠心地扔下去了！

看到这则新闻的时候，所有人都很痛心和吃惊。近几年，随着二胎的开放，很多家长都想生个二胎。一家人其乐融融地享受着二宝带来的惊喜，却不知不觉忽略了大宝的心情。原本是家里的小太阳、集所有人之宠的大宝，现在有人来分享他的爱，心理难免不平衡，逐渐就产生了嫉妒之心。

那什么是嫉妒心，孩子的嫉妒心有哪些表现呢？

从心理学上来讲，嫉妒是一种消极的情感，个体体验与他人之间存在强烈的优越性差异而导致的一种心理冲突，从而对他人怀有的一种敌视的心理状态。过度的嫉妒心会让孩子变得自私自利、难以客观地认识自我，从而妨碍自信心的建立。

嫉妒心是天生具备的。据美国儿童心理学家斯坦贝格研究，人类的嫉妒感可能早在婴儿期就出现了。不足一周岁的婴儿看到母亲给其他婴儿哺乳时，会出现不安、哭闹的反应。等到孩子五六岁时，由于和小朋友进行多种比较的机会增多，这种嫉妒心会更加频繁地表现出来。

所以，嫉妒心在孩子的成长过程中是不容回避的问题。

嫉妒心的表现通常有以下几种。

不许爸爸妈妈亲近或爱别的孩子

女儿六个月的时候，只要看到我抱其他的小朋友，就会委屈地哭起来，并往我身上蹭，让我抱她。这是孩子本能的嫉妒心理，孩子会认为爸爸妈妈是我的私人物品，不可以和其他人分享。所以每次看到爸爸妈妈和别的小朋友亲近时，就会流露出不开心甚至紧张的表现。

不允许别人比自己优秀

当妈妈或者老师表扬了其他孩子的时候，自己往往会表现得不服气、不开心，认为自己也不比他差，为什么自己没有受到表扬。

破坏大王

幼儿园里，苗苗做的手工受到了老师的表扬，这时阳阳就不开心了，直接把苗苗做的手工给破坏了，苗苗大哭起来，阳阳却说："你做得一点儿都不好！"

我用的没她好

女儿出生的时候，姐姐买了一辆很漂亮的婴儿车送给我们。当我们正在称赞这辆车如何好的时候，6岁的外甥女突然开始抹眼泪，原来她认为妈妈从来没有给自己买过这么好的推车。当我们告诉她，她小时候的推车也很漂亮的时候，这个小女孩才平息了情绪。

嫉妒心，虽是孩子成长过程中的一种自然现象，但如果听之任之，会让孩子形成不良的性格，所以要及时疏导。那如何才能更好地化解孩子的嫉妒心理呢？

引导孩子认识嫉妒心

嫉妒是人之常情，并不是什么难以启齿的事情，当孩子有嫉妒心的时候，妈妈不用对孩子立即否认，可以以聊天的形式，引导孩子认识自己的嫉妒心，也可以告诉孩子，妈妈也曾有过这样的心理，这是正常的。然后再告诉孩子，嫉妒心有哪些不好的地方，我们应该怎么样打败嫉妒心，等等。

培养孩子的自信心

孩子三岁以后，接触到外界的环境，会发现自己再也不是家里那个唯我独尊的小王子或小公主了。在这些新环境里，在与别人比较的过程中，会发现很多自己不如别人的地方，就很容易失去对自己的自信心。这个时候，妈妈可以通过阅读、旅行、平时多带孩子出去锻炼等方式，让孩子提升自己的见识和能力。同时也可以通过培养孩子的兴趣，让孩子觉得自己也有厉害的地方，自己也是独一无二的。

不攀比多肯定

妈妈不要为了激励孩子，在孩子面前夸奖其他小朋友比自己家的聪明、优秀等。这样会让孩子觉得对自己是一种否定，自己什么都不如别人，从而产生攀比和自我否定的心理。但妈妈们也要记住，赞许孩子的同时，也要引导孩子，不能只看到自己的努力和成绩，对别人的付出和成绩也要给予肯定与赞美。

给孩子足够的爱

如果把孩子比喻成一棵小树苗，那么这个家庭便是孩子成长的土壤，父母的爱则是阳光和雨露，只有得到这些，孩子才能茁壮成长。我们作为成人，也经常会有一种感受，无论我们面临多少挫折，至少父母家人给我们的爱是谁都无法替代的，也是我面临这些挫折时最坚实的后盾，对孩子来说也是一样的。要让孩子明白，爸爸妈妈会永远爱他，孩子自然会有安全的内心，将自己的嫉妒心收敛起来，不会被其左右。

聪明妈妈手记

“橘生淮南则为橘，生于淮北则为枳，叶徒相似，其实味不同。所以然者何？水土异也。”所以，当孩子有嫉妒心的时候，妈妈首先要反思，我们自己身上有这些问题吗？自己喜欢嫉妒他人吗？只有改变自身，才能让孩子生长的这片土壤更加纯净，孩子的嫉妒心也自然会消失。

6 教孩子如何礼貌地说“不”

晴晴今年7岁，前几天妈妈的朋友带着孩子来家里玩，这个小朋友很喜欢晴晴的儿童床，还有上面那些米老鼠的图案，于是就东摸摸西瞧瞧。这时晴晴突然大声地说：“别碰我的床！”

晴晴妈妈和朋友都很尴尬，晴晴妈妈责骂晴晴不懂事。朋友也在一旁责怪儿子不能乱碰姐姐的东西。好好的一次聚会，气氛突然变得奇怪起来。

面对孩子这些不礼貌的拒绝行为，家长有时也是束手无策。那怎样才能让孩子友好地拒绝别人，礼貌地说“不”呢？

你说的，我偏不

当孩子到了2～3岁的时候，活动能力、语音能力还有交往能力开始增强，也就是我们常说的小家伙儿越来越“长本事”了。这个时候，孩子特别喜欢表现所谓的“自我”意识，用行动证明，我能行、我可以，这也是心理学上所说的“第一反抗期”。比如，你帮他穿衣服，他偏不，一定要自己穿；你让他穿运动鞋，他偏要穿个小皮鞋；你让他出去散步，他偏要在家看动画片。

不要打扰孩子的界限行为

进入“第一反抗期”的孩子，会有非常强烈的“界限意识”，这个意识会让他觉得自己不可以被侵犯，一旦被侵犯，会让他有一种挫败感。界限感长期被破坏的孩子，会很难对别人说“不”，习惯忍气吞声，容易产生负面情绪；他们也害怕遭到拒绝，一旦被拒绝，通常会恼羞成怒，不能客观地看待与他人的关系。

所以，当孩子开始有了自我意识的时候，我们便要学会尊重孩子的“界限意识”。

作家张德芬曾经说：“小时候我的母亲完全侵犯我的界限，我在母亲面前是毫无尊严可言的。虽然我长大以后，个性比较强，但是每次有人侵犯我的时候，我不会维护自己的权益，只会忍气吞声或是激烈反抗。我之所以会那么暴烈地回应，就是因为多年来我压抑了对母亲的愤怒，只要碰到相同的不被尊重的情况，我就会暴怒，把几十年来的这笔账通通算在对方头上。”

所以，在日常生活中，聪明的妈妈一定会在行为上保护孩子体验的完整感。不轻易替孩子做决定，即使需要做决定的时候，也是和孩子事先商量。只有被充分尊重的孩子，才能学会尊重他人。

允许孩子说“不”

拒绝是孩子的权利，而尊重是对孩子最基础的教育。

很多时候，家长觉得孩子说“不”，是在挑战父母的权威，甚至是一种“不服从”“不听话”的不好行为。于是在我们的“权威”下，孩子越来越不敢说“不”，也不敢对别人说“不”。让孩子敢于说“不”，敢于拒绝他们不能接受的东西，这是对他们自我意识的保护，也是对孩子最起码的尊重。

如何让孩子礼貌地说“不”

教会孩子运用一些词语。我们在教孩子礼貌拒绝的同时，首先要从一些语言技巧上进行引导，把一个简单的“不”字，变成一句婉转的话。比如：

“我很想……但是……”

“我希望……但是……”

“我知道……但是……”

在表达想法时，可以说：

“不好意思，我不喜欢这个游戏，我们换一个好吗……”

“不好意思，这是我休息的地方，我们换一个地方玩可以吗……”

这些拒绝方式适于很多场合，我们在教孩子的时候，不要觉得孩子小不能理解这些话如何运用，或者是他们理解不了。其实孩子远比我们想象的聪明，相信经过你耐心的引导，总有一天，孩子会勇敢而礼貌地学会说“不”。

聪明妈妈手记

学会礼貌地说“不”，是一门学问。在我们的一生中，会经历各种各样的人和事，几乎每天都有拒绝别人和被别人拒绝的事情发生。所以，教会孩子适当地说“不”，会让孩子在以后的人生道路上，得到别人的尊重。

7 “熊孩子”是怎么养成的

曾有一件关于“熊孩子”的事在网络上引起了热议。一个女孩称她亲眼目睹了亲戚家的“熊孩子”试图将家里的孕妇推倒，而“熊孩子”的理由竟然是：“我看电视上孕妇摔了会流产，我就想看看推倒她会不会也流产。”

我们生活中，这样的“熊孩子”似乎也比较常见。不懂礼貌、不懂分享、没有感恩之心，经常会动手打别的小朋友、不爱学习、吊儿郎当、对大人爱理不理。从心理学的角度讲，这样的“熊孩子”的行为习惯十分不好，凡事以自我为中心，漠视他人权利，甚至做出反社会的行为。

其实，“熊孩子”不是天生的，每一个“熊孩子”都是父母练成的。

“熊孩子”的养成，可以追溯到1～3岁的幼儿阶段。曾有一篇文章提到：“1岁半的幼儿开始具备完整的自我意识，明白‘我’和‘世界’之间的分界。那么，该如何对待‘世界’，就成了这个年龄阶段幼儿启蒙的关键问题。从家庭教育学的角度，这同时也是父母对孩子行为塑造的关键时期。”然而，许多父母认为这个年龄阶段的孩子还小，不谙世事，很容易疏忽管教。

第二个时期是孩子3～6岁的阶段，积极行为的进一步巩固，以及对不良行为的及时矫正。这个时候，如果父母不对孩子的行为进行及时疏导，那么就很容易练就出“熊孩子”；另外，错误的惩罚方式，也可能把孩子练成“熊孩子”。

恩恩是小区里出了名的“熊孩子”，平时和小朋友一起玩，抢玩具、推别人都是常有的事。在小区里简直“熊”出了名气。有一次在小区，恩恩把一个正在喷泉旁边玩耍的小女孩推下喷泉池，小女孩的爸爸气得踹了恩恩这个“熊孩子”一脚。这时候恩恩的奶奶不愿意了，跟小女孩的爸爸吵了起来。要知道，以前无论她孙子把人家孩子打成什么样，她可从来都是很淡定的，要么抱着胳膊说一句，小孩子不懂事；要么就是轻描淡写地说一句：“跟人家说对不起。”然后带着孩子扬长而去。

孩子的天性就是顽皮，小毛病无伤大雅，但是大问题却是影响甚重，如果不及时纠正，可能会毁掉孩子的一生。

衡衡是我邻居家的儿子。小时候，农村比较重男轻女。邻居家生了三个女儿后，终得一子，于是，全家人都宠着衡衡这个男孩。衡衡三岁的时候，把一个不到两岁的小女孩推进村里的池塘里，幸亏小女孩的家人及时发现，结果衡衡的妈妈护犊子，说孩子小不懂事，还怪这个小女孩惹了自己的儿子。衡衡五岁的时候一把火把我家的草垛点了，他妈妈又说：“这得亏没烧着孩子。”衡衡十岁的时候，跟同学打架，拿砖头把人家的头砸伤了缝了8针，被学校开除。衡衡的爸妈又四处求人，给他换了所学校。衡衡十三岁的时候，又参与打群架，被勒令退学。后来衡衡因为参与盗窃、砍人致残，至今还在牢里。

所以，当孩子的“熊”行为发展得愈演愈烈时，这个孩子以后在社会上犯错的概率会远远大于其他人。当然，也有一些爸爸妈妈，在面对自己家的“熊孩子”时，也会尝试着去管教。但不管是喋喋不休的责骂，还是大声的命令，孩子全然不理会，依然我行我素。其实，7岁以下的孩子，行为习惯相对都是比较好矫正的，只要方法得当，“熊孩子”也可以变成好孩子。

“熊孩子”要从小抓起

女儿一岁多的时候，有种“初生牛犊不怕虎”的气势，哪儿危险偏要往哪儿跑，稍不如意就小手乱摆，哇哇大哭，根本不听大人说什么。有一次，刚下过大雨，孩子爸带着女儿在小区散步，走着走着，女儿眼睛一亮，看到了平时经常玩耍的滑梯，紧接着就是扭着肥嘟嘟的小身子往前跑。因为刚下过雨，滑梯上全是雨水，孩子爸担心孩子着凉，就赶紧抱着女儿往回走。谁知道这下儿女不干了，在爸爸怀里又扭又踢，哭声响彻整个小区。此时这个平时驰骋球场的壮汉，却拿眼前这个小心肝毫无办法，嘴里只能说着，“不能去、不能去，有水。”可是女儿根本不理会，哭得肝肠寸断。

如果这个时候，抱着女儿回到滑梯，就会让她觉得，哭闹这一招有用，下次再遇到类似的情况，还会继续用。如果这时不让她去滑梯那里，直接和孩子进行对抗，也于心不忍。于是，我走到女儿面前，说：“宝贝，想去玩滑梯是不？走，妈妈带你去。”女儿瞬间止住了哭声，颠儿颠儿地跟着我往滑梯走去。走到滑梯面前，我故意夸张地说：“呀，这里好多水啊！”然后，摸一摸滑梯，一边说：“呀！妈妈的衣服全打湿了，呜呜呜，好冷好冷！”还一边装作很冷的样子。这时，女儿的注意力已经转移到我冷这个问题上了。于是我赶紧抱着她说，宝贝快回家陪妈妈换衣服，妈妈冷。这个小家伙儿早已忘了满是水的滑梯，颠儿颠儿地跟着我回去“换衣服”去了。

当然，这一招不是随时都管用，有时候女儿一直“无理取闹”，我也会冷处理，让她知道哭并不能解决问题。后来女儿大一些了，就很少再出现类似的犟脾气了。

一岁多，正是小孩子开始和大人“脾气较量”的开始，用合适的方法及时引导，可以有效地避免“熊孩子”的养成。

培养孩子的边界意识

孩子对于自己做的事情的边界是模糊的，没有一个很好的认识，容易为所欲为，这个时候，就需要父母来告诉他，哪些事情可以做，哪些事情不能做。比如，在孩子小时候动手打小朋友、随意抢别人的玩具、不懂得分享、出口骂人、在学校欺负别的小朋友，这些不好的行为习惯，家长都应该及时制止。

避免以暴制暴

孩子动手打别的小朋友，这个时候如果家长一生气就给孩子一顿揍，对孩子进行惩罚，这实际上是变相在为孩子做用暴力解决问题的榜样。

把“不可以”变成“可以”

很多“熊孩子”不是天生就“熊”，而是遇到事情不知道应该如何更好地表达和解决。于是就用别人不太能接受的方式，来达到自己的目的。比如，把“你不可以打别的小朋友”变成“你想玩其他小朋友的玩具时，可以和他商量一下，你也可以用你的玩具和他交换”；因为当你说出“不可以”的话语时，孩子是没有概念的，甚至会条件反射地按照你的反义来做，而正面的语言可以更好地引导孩子应该怎么做。

赞美孩子的闪光点

“熊孩子”最常见的心理其实是想吸引别人的注意，也就是我们常说的“求关注”。如果得不到爸爸妈妈的关注，孩子就会用各种“熊”招来吸引其他人的注意。所以在平时，要多关注孩子，发现孩子的优点并经常给孩子肯定。当孩子做了一件很棒的事情时，要及时赞美孩子。

小峰在家的时候脾气很坏，经常发脾气，稍不如意就会大喊大叫，有时候还躺地上撒泼打滚。在幼儿园的时候，老师发现了小峰这个问题，但是没有指责小峰，而是经常夸小峰做事积极主动，还经常帮助别的小朋友。久而久之，小峰很少再发脾气了，跟其他小朋友相处也非常愉快。

禁止护犊子

很多家长有这样一种心理暗示，我的孩子欺负了别人，如果别人没吃什么亏，那就没事儿，象征性地教育一下；如果我的孩子被人家欺负了，这时家长就很紧张，一定要找对方的麻烦，帮孩子出头。其实，这样会给孩子造成一种错觉，我被欺负的时候，有爸爸妈妈为我撑腰；我欺负别人的时候，爸爸妈妈并不会把我怎么样。所以，他在外面跟别的小朋友相处时，就会肆无忌惮。

父母做好榜样

对于孩子来说，父母用什么样的方式来解决问题，孩子就会模仿父母用同样的方式来解决问题。心理学家研究发现，高攻击儿童的家庭十分相似，都是家庭成员之间缺少感情的表达，经常有争吵打闹。因此，父母之间用平和协商的态度去解决冲突，是教育孩子最有效的办法。

避免诱因

孩子喜欢模仿，在看电视的时候有类似场景的人身攻击，家长对这些诱因也要加以留意，避免孩子接触到这些。同时，跟孩子之间多一些亲子互动，带孩子多进行户外活动，从外界因素上，避免这些诱因的产生。

聪明妈妈手记

嬉戏打闹、调皮好动，是小孩子的天性。关键是看家长如何引导孩子。适当方式的引导和制止，会让孩子意识到自己的行为哪里对，哪里不对；哪些可以做，哪些不能做。如果不以为然甚至默许纵容，或者采取错误的教导方法，自然就养成了“熊孩子”。

8　“受气包”不是天生的

有一次，我带着女儿在小区玩滑梯，有一个比女儿大一些的小哥哥也在这里玩耍。可能是因为女儿在小男孩前面的原因，这个小男孩突然对着女儿就是一拳。女儿还小，我用严厉的眼神瞪了这个小男孩一眼，然后告诉女儿：“哥哥打你是不对的，你可以告诉哥哥‘如果你想过去可以告诉我，但是你不能打我’。”从那以后，这个小哥哥再也没有打过女儿。

然而另外一个经常在滑梯玩的小男孩，看起来很文静，也不怎么爱说话，却经常被这个小哥哥打，不仅是小哥哥喜欢打他，其他小朋友也都喜欢对这个小男孩动手。小男孩也不反抗，闷闷不乐地站在滑梯下面，不敢上去玩耍。这个小男孩的妈妈在旁边却恨铁不成钢地冲小男孩生气：“你胆子怎么这么小，别人打你，你不会打回去啊。”

我觉得这个小男孩太可怜了，不仅被别的小朋友欺负，还被妈妈骂胆子小。

其实小孩子在交往的过程中，有打打闹闹，或者有一些小冲突都是正常的。但是如果孩子经常出现焦虑、过分依赖，在社交技能上比较欠缺，跟别的小朋友交往的时候显得很冷淡，甚至有一些退缩，还经常被别的小朋友欺负，那你就要留意，孩子是否就是大家所说的“受气包”了。

其实在成人的世界里也存在“受气包”这种现象，这些都是小时候，没有能及时扭转被别人欺负的现象，才导致在成年后不可挽回的后果。

那“受气包”是怎么产生的呢？妈妈应该用一种什么样的态度来对待孩子的这种现象呢？

别总是让孩子听话

生活中有很多这样的父母：从生活的方方面面，让孩子都必须按照自己的想法去做，觉得孩子听话才是好的。其实这样的管教，很容易让孩子的思维局限，让孩子不敢拒绝他人，不敢表达自己的需求。孩子应该有他自己的思维和判断，而不是凡事都听从父母。让孩子具备敢于思考和表达的性格，当他在外面面对被别人欺负的情况时，自然会勇敢地说出来，甚至反击，这样自然不会被欺负了。

不要过度保护

孩子在外面稍不如意，家人就出头解决，加以干涉。时间久了，孩子会认为，凡事有家里人保护着，遇到问题随时来找家人就可以了，从而造成孩子过分依赖的心理。

妈妈不要过于强势

强势的妈妈，懦弱的娃，这个一点都不假。很多强势的妈妈喜欢对孩子指手画脚，吹毛求疵，这样会导致孩子不敢反抗，在外面的时候自然就成了“受气包”。

给孩子自由

在外面经常被欺负的孩子，可能是在家里给孩子定的规矩太多，造成了孩子自卑压抑的心理。这个时候，妈妈应该反思自己，学会给孩子一定的自由，让孩子把自信心和安全感先建立起来，勇敢地说出自己的想法，让他变得大胆自信。这样孩子才能更好地发挥自己的社交能力。

多鼓励孩子

在平时的生活中，不要在语言上打击孩子，比如，“你胆子这么小，难怪被别人欺负”。简单的一句话，给孩子造成的却是致命的打击。相反，妈妈要多多鼓励孩子，肯定他的能力，让孩子看到自己的闪光点，提升孩子的自信心。

过分溺爱不可取

孩子在家里，如果被父母或者被老人毫无规则地养育，等到他出去和别人交往的时候，却发现完全不是这么回事。别人没有让着自己，一次次地受挫，会让孩子变得胆小、退缩。于是就有了在家是“小皇帝”，在外面却是“受气包”的情况发生。

带孩子多读书

通过读一些绘本，让孩子在书里学习如何面对各种大小难题、如何看待自己、如何理解别人。在面对冲突、被别人欺负的时候，如何解决，从而提高孩子的社交技巧。

用爱来理解孩子

孩子被欺负，心里很受伤，情绪一定会受到影响。这时他最渴望妈妈的关心，所以这个时候，妈妈千万不要斥责孩子“你怎么总是被别人欺负”之类的话语，这样会让孩子受到双重伤害，变得更加自卑。

当孩子受到欺负的时候，妈妈第一时间可以帮孩子疏导情绪，表示理解他的心情，然后再一步步地引导孩子应该如何面对这些问题，帮助孩子走出困境。让孩子明白妈妈这里永远是安全的，孩子才会有足够的勇气去面对外界。

聪明妈妈手记

孩子来到这个世界，来到不同的家庭，他们就像一面镜子，是家庭教育的真实写照。“受气包”不是天生的，孩子出现这些问题，家长首先应该反省自己哪里出了问题，再从日常的教养中逐步加以改变，在生活细节中对孩子进行积极的影响。